I0697349

prometeo
libros

DEMOCRACIAS

Donatella della Porta

DEMOCRACIAS

Traducción al castellano
Facundo Norberto Bey

prometeo
libros

della Porta, Donatella

    Democracias : participación, deliberación y movimientos sociales / Donatella della Porta. - 1a ed . - Ciudad Autónoma de Buenos Aires : Prometeo Libros, 2017.

    144 p. ; 23 x 16 cm.

    Traducción de: Facundo Bey.

    1. Filosofía Política. 2. Filosofía Política Contemporánea. I. Bey, Facundo, trad. II. Título.

    CDD 320.01

Traducción: Facundo Bey y Rocío Annunziata
Armado: Mabi Fraga
Corrección de galeras: Liliana Stengele
Cuidado de la edición: Rocío Annunziata
Diseño de tapa: Erica Anabela Medina

*A Alessandro, Colin y Philippe,
con los que —sin que ellos lo supieran—
este proyecto de libro ha comenzado*

Índice

Prefacio

La reflexión que ha dado lugar a este volumen comenzó en 2003, cuando –junto a Colin Crouch, Alessandro Pizzorno y Philippe Schmitter– organicé mi primer seminario en el Instituto Universitario Europeo. El tema era "Las transformaciones de las democracias" y el debate no solamente fue participativo, sino incluso deliberativo.

En lo sucesivo, he continuado ocupándome de los cambios en las concepciones y prácticas de la democracia en el marco del proyecto de investigación comparado sobre *Democracy in Europe and the Mobilization of the Society-Demos*, (financiado por la Comisión Europea en el contexto del VI Programa Marco). Estoy agradecida a Massimiliano Andretta, Marco Giugni, Raffaele Marchetti, Lorenzo Mosca, Mario Pianta, Herbert Reiter, Dieter Rucht, Simon Teune y a todos los demás colegas, *juniors* y *seniors*, que han participado de aquella investigación, por las numerosas ocasiones de reflexión.

Los resultados de aquella investigación han sido publicados en diversos volúmenes, dedicados en particular al movimiento por una justicia global. Del mismo modo, este libro ha aprovechado algunos estímulos ulteriores.

En primer lugar, de la preparación de un proyecto comparado de investigación sobre los experimentos de democracia deliberativa (desarrollado también gracias a la ayuda de Bernard Gbikpi, Juan Fonts e Yves Sintomer), además de una primera experimentación de aquel proyecto en una investigación desarrollada –con el apoyo de la Región Toscana– junto a Herbert Reiter.

El segundo estímulo, en orden cronológico, lo debo a Alessandro Pizzorno quien, en el ámbito de un proyecto por él coordinado sobre el Estado democrático, me ha solicitado escribir un capítulo sobre movimientos sociales y democracia –especificando que debía, sin embargo, ocuparme esta vez, no del período post-68, como usualmente lo hago, sino de los últimos tres siglos. Por las sugerencias que me han hecho sobre aquel capítulo, y por las discusiones que se produjeron durante una conferencia organizada por la Fundación Feltrinelli, en Cortona, en el 2010, estoy agradecida, no sólo a Alessandro Pizzorno, sino también a Roberto Biorcio, Pietro Costa, Colin Crouch, Klaus Eder, Leonardo Morlino, Bernardo Sordi y a los otros participantes.

El tercer estímulo lo recibí de parte de Mauro Calise quien, entonces presidente de la *Società Italiana di Scienza Politica* (SISP), me pidió pronunciar el discurso inaugural de la conferencia anual de la Sociedad en 2009. Fue al preparar aquel discurso introductorio que me adentré en el debate normativo sobre la democracia, tratando, no obstante, de entrelazarlo con los resultados de numerosas investigaciones empíricas –tanto propias como de otros estudiosos– sobre las trasformaciones en las democracias. Y fue en aquella ocasión, finalmente, que Massimo Baldini, editor de *Il Mulino*, me pidió escribir este libro. Gracias también a Mauro y a Massimo por su confianza y sus consejos.

Este libro no es sólo la etapa conclusiva de un recorrido, sino que también ha contribuido a su continuación. Algunas de las profundizaciones que contiene me han ayudado en la preparación del proyecto "Mobilizing for Democracy", financiado con un *Advanced Grant* del *European Research Council*.

En el curso del presente volumen retomo y reelaboro algunas ideas desarrolladas en *Movimenti sociali e Stato democratico*, en A. Pizzorno (comp.), *La democrazia di fronte allo stato*, Milán, Feltrinelli, 2011, pp. 193-232; *Democrazia: sfide e opportunità*, en "Rivista Italiana di Scienza Politica", vol. 40, 2, 2010; *Democracy in Social Movements*, Houndsmill, Palgrave, 2009; *Another Europe*, London, Routledge, 2009; La *partecipazione nelle istituzioni: concettualizzare gli esperimenti di democrazia deliberative e partecipativa*, en *Partecipazione e conflitto*, 2008, pp. 15-42 (con Bernard Gbikpi); *E-democracy: Internet e democrazia*, número especial de la "Rassegna italiana di sociologia", 47, 4, 2006; *Deliberation in movement: Why and how to study deliberative democracy and social movements*, en "Acta Politica", 40, 2005, pp. 336-350; *Globalization and democracy*, en "Democratization", 12, 2005, pp. 668-685.

Introducción

Existe una impresionante paradoja en la era contemporánea: de África a Europa del Este, de Asia a América Latina, cada vez más naciones adhieren a la idea de la democracia; pero lo hacen justo en el momento en que la eficacia misma de la democracia como forma de organización a nivel nacional es puesta en tela de juicio de manera manifiesta. Mientras que importantes áreas de la actividad humana son organizadas progresivamente a nivel (macro) regional o global, el destino de la democracia, y de un Estado-nación independiente, tiene que enfrentar notables desafíos [Held 1998, 11].

Muchas contribuciones recientes sobre la democracia comienzan mencionando la paradoja evocada por David Held. Por un lado, crece el número de países democráticos en el mundo: según *Freedom House*, se pasó de 39 democracias en 1974 a 90 países libres y democráticos y 60 parcialmente libres en el 2008 [Freedom House 2008]. Por otro lado, disminuye la satisfacción de los ciudadanos con relación a las realizaciones efectivas de las "democracias realmente existentes" [las RED de Dahl 2000]. Más bien, algunos estudiosos han subrayado que la tercera ola de democratización presenta el riesgo de desembocar en guerras económicas y conflictos armados [en particular, Tilly 2004]. Indudablemente, las investigaciones sobre la calidad de la democracia de Larry Diamond y Leonardo Morlino [2005] han relevado la "baja calidad" de muchos regímenes democráticos.

Como veremos en este volumen, para entender tal paradoja resulta útil distinguir muchas concepciones de democracia, tal como ellas han sido teorizadas, pero también como han sido aplicadas en las instituciones de las democracias realmente existentes. Como Robert Dahl ha observado [2000, 5]:

> Paradójicamente, el hecho de que la democracia tenga una historia tan larga ha producido concretamente confusión y desacuerdo, ya que la misma palabra "democracia" ha asumido significados diferentes para personas diferentes, según las épocas y los lugares.

Por largo tiempo, en la ciencia política, la búsqueda de una conceptualización compartida de democracia se ha orientado hacia criterios procedimentales mínimos, que consideraban principalmente la existencia de comicios libres, competitivos y periódicos, como indicador suficiente de su presencia. La elección de una definición minimalista de democracia ha sido a veces justificada por la facilidad de su operacionalización empírica. Las definiciones normativas –que consideran la capacidad de las democracias para promover un gobierno "por el pueblo", realizando sus deseos y preferencias– son, en cambio, consideradas de difícil aplicación en la investigación empírica:

> [...] ¿cómo ver hasta qué punto algunos problemas reales se acercan, o se alejan, de la ideal "correspondencia" o *responsiveness* postulada como necesaria? [...] ¿Cómo es posible identificar los "deseos" o las "preferencias" de los ciudadanos? ¿Quién tiene autoridad para expresarlas sin traicionarlas o modificarlas? ¿Sólo valen las "preferencias" de la mayoría? ¿Pero un régimen democrático no debería proteger también a las minorías? ¿Cómo medir, entonces, la "correspondencia" o la *responsiveness*, es decir, la "congruencia?" [Morlino 1986, 84].

Más recientemente, se ha observado que, en todo caso, una definición procedimental minimalista no es, en realidad, la única empíricamente verificable. Como ha argumentado Leonardo Morlino [2011], todos los diferentes ideales de democracia pueden ser operacionalizados, en el sentido de que se pueden encontrar indicadores empíricos adecuados para definir si, según una definición específica y en un determinado momento en el tiempo, un país es o no democrático. Hay que agregar que las definiciones de democracia siempre son cambiantes, atadas a problemas específicos (teóricos y empíricos, científicos y reales) que emergen y se transforman en diferentes períodos históricos.

Cada definición de democracia tiene, sin embargo, necesariamente una dimensión normativa. Como justamente ha observado David Held [1997, 293], las teorías empíricas de la democracia, al focalizarse sobre el sentido normalmente atribuido a ella, han tendido, por consiguiente, a legitimar normativamente una propia concepción específica:

> Su "realismo" implicó una concepción de la democracia que reprodujo las características concretas de los sistemas políticos occidentales. Estos últimos, considerando la democracia en estos términos, han modificado su significado y, en consecuencia, han provocado que se rinda la rica historia de la idea de democracia ante la democracia existente. Las cuestiones sobre la naturaleza y la ampliación adecuada de la participación ciudadana, el objetivo justo del gobierno político y las esferas de regulación más acordes al ordenamiento democrático –cuestiones que han formado parte de la teoría democrática, de Atenas a la Inglaterra del siglo XIX– son abandonadas o, más bien, han recibido una respuesta en los meros términos de la práctica corriente. Los ideales y los métodos de democracia devienen, por defecto, los ideales y los métodos

de los sistemas democráticos existentes. Si el criterio primario para juzgar entre las diversas teorías de la democracia es su grado de "realismo", los modelos que se alejan de la práctica democrática actual, o que están en conflicto con ella, pueden ser descartados por ser empíricamente imprecisos, "irreales", y no deseables.

Se podría agregar que, por largo tiempo, el hecho de que la investigación se haya focalizado sobre las instituciones representativas ha producido una visión parcial del funcionamiento real de las democracias existentes.

Si bien una gran parte de la atención de los politólogos se ha concentrado sobre la *democracia*, eso no quiere decir que, en efecto, exista una definición unívocamente aceptada del concepto. No hay duda, entonces, que el concepto de democracia está no solamente "estirado", sino también cuestionado. En un reciente *symposium* del *Newsletter* del APSA-CP [American Political Science Association – Comparative Politics Organized Section, *N. del T.*], dedicado a la conceptualización, Thomas Koelble [2009] ha lamentado el uso y abuso del concepto de democracia para describir "una plétora de sistemas políticos diferentes" así como el "desacuerdo de fondo sobre su conceptualización".[1]

Además existen diversos tipos de definiciones de democracia. Las definiciones normativas clásicas subrayan el rol legitimador de los ciudadanos. La democracia es poder *para el* pueblo, *del* pueblo y *por* el pueblo: tal poder proviene del pueblo, pertenece al pueblo, y debe ser usado por el pueblo. Estos principios generales son, no obstante, declinados de manera muy diferente. Charles Tilly [2007, 7] ha distinguido cuatro enfoques de la democracia en las ciencias sociales:

- Enfoque *constitucional*: se concentra en las leyes que un régimen lleva a la práctica en relación a la actividad política;
- enfoque *sustantivo*: se fija en las condiciones de vida y las políticas que cierto régimen promueve;
- enfoque *procedimental*: orientado a determinar si un régimen puede ser calificado como democrático, seleccionando un radio estrecho de prácticas de gobierno; y
- enfoque *procesual*: identifica un conjunto mínimo de procesos que tienen necesariamente que estar puestos en acción para que una situación sea considerable como democrática.

---

[1] De modo similar, Collier y Levitsky [2009] han denunciado el escaso éxito del intento de estandarizar el uso de varios tipos y subtipos de democracia, no siempre jerarquizables en *a kind hierarchy*, en la que los subtipos son "tipos del" concepto subordinado, pero a menudo también partes de *part-whole hierarchies*, en las que uno o más elementos definitorios del concepto subordinado están, en cambio, ausentes.

Si miramos a las democracias existentes, en general podemos observar cómo, en los hechos, en ellas se conjugan concepciones diversas. A las instituciones representativas se le agregan otras. Tal como ha observado recientemente Pierre Rosanvallon [2006, 11], "la historia de las democracias reales no puede ser disociada de una tensión y un cuestionamiento permanente". El Estado democrático no tiene, efectivamente, sólo necesidad de legitimación legal, a través del respeto de procedimientos, sino también de confianza. En la evolución de las "democracias reales" ésto ha significado que, junto a las instituciones que garantizan la *accountability* (o responsabilización) electoral, hay un circuito de supervisión (o vigilancia) anclado por fuera de las instituciones del Estado. Así:

> Cuando se elige la institución electoral como institución caracterizadora de los regímenes democráticos, se descuida la presencia aún más importante de una esfera pública distinta de los regímenes que, en caso de estar privados de la misma, es decir, de estar privados de un discurso público abierto, aunque estén siendo gobernados por personal electo regularmente, sólo engañosamente podrían ser llamados democráticos [Pizzorno 2010, xiii].

La esfera pública se ha desarrollado por mor del encuentro entre una búsqueda de eficiencia por parte del Estado y una intervención de la sociedad civil dirigida a expresar solicitudes y rectificar decisiones [Eder 2010].

Los movimientos sociales, los jueces, las autoridades independientes son instrumentos de control externo sobre quien detenta el poder, de cuestionamiento permanente de las decisiones públicas. Rosanvallon define como *contrademocracia* esta específica modalidad de control democrático, que considera "forma particular de la intervención política" y aspecto fundamental del proceso político [Rosanvallon 2006, 40]. A través de ella, se realiza:

> [...] el *prise de parole* [*toma de la palabra, N. del T.*] de la sociedad, la manifestación de un sentimiento colectivo, la formulación de un juicio sobre los que gobiernan y sobre sus acciones, o incluso la elaboración de reivindicaciones [*ibidem*, 26].

La definición de democracia es cambiante en el tiempo. A través de un proceso autoreflexivo, "la democracia está en un proceso permanente de definición y redefinición" [Eder 2010, 246]. Si bien es muy joven como institución (pocas décadas en la mayor parte de los Estados, si consideramos el sufragio universal como condición fundamental), la democracia tiene, en cambio, una larga historia como tema de reflexión [Costa 2010]. Si en la evolución histórica del discurso sobre la democracia real la responsabilización electoral ha sido privilegiada, hoy los desafíos a la democracia procedimental reconducen la atención a otras cualidades democráticas [Rosanvallon 2006].

Las democracias son también de distinto tipo. Muchas cualidades democráticas han sido entrelazadas en la construcción de sus variadas tipologías. El mismo Tilly [2007, 13] ha clasificado los regímenes políticos a partir de algunas de sus capacidades:

> ¿Cuán amplio es el radio de las demandas expresadas por los ciudadanos que son tomadas en consideración? ¿De qué modo, asimismo, los muchos grupos de ciudadanos experimentan una traducción de sus demandas en comportamientos del Estado? ¿Cuánto la expresión misma de las demandas es protegida por el Estado, y en qué medida el proceso de traducción de las demandas compromete ambas partes, Estados y ciudadanos?

Tomando nota de las diversidades que habitan las concepciones y prácticas de democracia, mi objetivo en este volumen no es solamente la reconstrucción de las distintas ideas de democracia, sino también el análisis del modo en que estas se han transformado en demandas y propuestas que, en efecto, han penetrado hasta transformar las democracias reales y, por lo tanto, el Estado democrático. Desde este punto de vista, la contribución original que quiero desarrollar se puede resumir en la combinación de la teoría normativa con el análisis empírico, de cómo algunas concepciones han inspirado concretas transformaciones institucionales.

En el curso de este análisis emergerán algunas consideraciones generales, relativas al *status* y al contenido de la concepción liberal de democracia. Ante todo, emergerá como una definición históricamente cuestionada. Si bien se presenta hoy como dominante, sin embargo, a ella se le contraponen otras muchas, como la debatida democracia participativa [Pateman 1970; Polletta 2002], la democracia fuerte [Barber 2004], la democracia discursiva [Dryzek 2000a], la democracia comunicativa [Young 1996], la democracia de bienestar [Fitzpatrick 2002], o la democracia asociativa [entre otros, Perczynski 2000].

En particular, en la teoría política, de Dewey a Habermas, a menudo se ha observado que las concepciones mayoritarias, centrales para las definiciones liberales de democracia, son, de distinta manera, balanceadas por la presencia de espacios deliberativos y la representación por la presencia de espacios de participación. Si las teorías representativas han subrayado el *accountability* electoral, las teorías participativas han afirmado la importancia de crear instancias de participación. Y si existe una visión "minimalista" de democracia en cuanto poder de la mayoría, las teorías deliberativas tienden, en cambio, a considerar la presencia de espacios de comunicación, de intercambio de argumentos, como la construcción de definiciones compartidas del bien público, fundamentales para la legitimación de las decisiones públicas [entre otros, Miller 1993, Dryzek 2000a, 79; Cohen 1989, 18-19; Elster 1998; Habermas 1996; 1997]. Participación y deliberación son, en efecto, cualidades democráticas en tensión con la representación y la decisión de la mayoría, y se encuentran con estas últimas en un precario equilibrio con relación a las diversas concepciones y prácticas institucionales específicas de democracia.

En el intenso debate dentro de la teoría normativa podemos identificar dos dimensiones principales: por un lado, la consideración de la definición de intereses e identidad como exógena (externa) o como endógena (interna) al proceso democrático; por otro lado, el reconocimiento –o no reconocimiento– de la presencia de conflictos [della Porta 2010]. Del cruce de estas dos dimensiones emergen cuatro modelos ideales de democracia, a los que se prestará atención en los próximos capítulos (cfr. tab. 1).

La democracia *liberal* asume identidades que están construidas por fuera del proceso democrático, a las que canaliza dentro del sistema político. Las instituciones de lo que Dahl ha definido como democracia poliárquica incluyen la presencia de representantes elegidos en comicios libres, justos y periódicos, así como libertad de expresión y asociación, y la presencia de fuentes alternativas de información [Dahl 2000]. Incluso admitiendo la presencia de una cierta diversidad de preferencias, se asume, sin embargo, que hay un amplio consentimiento entre intereses compatibles, mientras que los conflictos tienden a ser considerados como negativos, en la medida que podrían correr el riesgo de sobrecargar de demandas contradictorias al sistema político [Crozier, Huntington y Watakuni 1975]. Los actores, portadores de conflictos fundamentales, en efecto, son considerados como antisistema, y la presencia de actores antisistema como esencialmente patológica [Sartori 1976].

La concepción liberal no refleja, de hecho, de modo exhaustivo el funcionamiento real del Estado democrático en ninguno de los diversos períodos de su existencia. Esta concepción resulta parcial en cuanto considera implícitamente a los Estados como única arena de democracia.

Tab. 1. Concepciones *de democracia*

	Identidad: exógenas	Identidad: endógenas
Consentimiento	Democracia liberal	Democracia liberal-deliberativa
Conflicto	Democracia de participación	Democracia de participación-deliberativa

La investigación sobre movimientos sociales y de protesta, pero también la que versa sobre otros actores de la sociedad civil, concentra la atención, en cambio, sobre las muchas arenas en las que se fundan, bajo diferentes principios, múltiples formas de democracia. Al mismo tiempo, la investigación sobre los largos procesos de la primera democratización ha subrayado la importancia de los circuitos no electorales para el funcionamiento del Estado democrático. La influencia que la protesta tenía en los regímenes con electorado restringido no se canalizaba por medio de las elecciones, aunque los parlamentos se convirtieron en blanco de reivindicaciones. De hecho, en su evolución concreta, los regímenes democráticos existentes han mitigado los principios que les son propios en cuanto tipo ideal de la democracia liberal, mezclándolos con otros, provenientes de diversas concepciones de democracia.

La concepción liberal de la democracia ha sido desafiada, ante todo, por una concepción *participativa*. Reconociendo la existencia de profundos conflictos en la sociedad, los teóricos de la democracia participativa han subrayado la importancia de comprometer a los ciudadanos más allá del momento electoral [Arnstein 1969; Pateman 1970; Barber 2004]. La participación, de distintas maneras y en distintos momentos del proceso democrático, en efecto, es considerada como positiva tanto para los individuos –que son socializados por medio de visiones del bien colectivo– como para las mismas instituciones políticas –que gozarían de mayor confianza y sostén. El enfoque participativo tiende, en todo caso, a considerar la formación de los intereses y de las identidades colectivas como exógenas al sistema democrático.

También hay otra alternativa a la concepción liberal de democracia, que ha subrayado, en cambio, cómo ocurre, al menos en parte, la formación misma de intereses e identidades colectivas dentro del proceso democrático. En esta dirección, los teóricos de la democracia *liberal deliberativa* han puesto su atención en el modo en que las preferencias se forman dentro de las instituciones democráticas [Dryzek 2000a, 79]. El proceso decisional en democracia concluye, efectivamente, a menudo con un voto. La democracia no debe ser identificada con el principio de la mayoría que vence a la minoría, sino más bien con las posibilidades que se ofrecen, en el curso del proceso democrático, en los muchos puntos de vista que se confrontan y transforman recíprocamente.

Combinando ambas críticas a la concepción liberal de la democracia, un cuarto modelo de democracia ha subrayado sus cualidades *participativo-deliberativas*. La esfera pública es considerada aquí como un espacio de conflicto, pero también hay una reflexión sobre las condiciones para la formación de la identidad en el curso del proceso democrático.

En lo que sigue me concentraré en las características normativas, aunque también en la evolución histórica de estos cuatro diferentes modelos. En este sentido, trataré de superar la pronunciada brecha entre teoría normativa y estudios empíricos, caracterizada por "una coordinada falta de atención a los estudios comparados informados por la teoría sobre las innovaciones democráticas" [Smith 2009, 8; véase también Shapiro 2003]. De ella se ha derivado "una separación entre análisis institucionales de la democracia y análisis de los principios democráticos, como si pertenecieran a dos mundos diferentes" [Beetham 1999, 29]. Buscaré, por lo tanto, contribuir al diálogo entre teorías normativas y explicaciones empíricas cuya ausencia, o al menos debilidad, ha sido destacada como un considerable obstáculo al progreso en los análisis de la democracia [Smith 2009, 9].

Como se verá, las instituciones mismas de la democracia se han transformado, incluyendo –con varios niveles de tensión y en equilibrios cambiantes– diversas concepciones de democracia.

Capítulo primero

Democracia liberal: evolución y desafíos

Uno de los cientistas políticos más influyentes sobre el tema, Robert Dahl [1980, 27], ha definido la característica fundamental de la democracia como "la capacidad de los gobiernos de satisfacer, de manera continua, las preferencias de los ciudadanos, en un marco de igualdad política". Esta definición enfatiza un elemento normativo, a saber: se afirma que la democracia debería comportar una necesaria correspondencia entre las decisiones de los políticos y los deseos de la población. Pasando al registro de la investigación empírica, el mismo Dahl ha sugerido, en todo caso, que como garantía de la capacidad de respuesta de las democracias hay una serie de procedimientos, que deben permitir a los ciudadanos formular y hacer pesar sus preferencias.

Un gobierno capaz de responder a las preferencias de los ciudadanos debería garantizar que cada uno pueda:

1. Formular sus propias preferencias;
2. presentarlas a los conciudadanos y al gobierno a través del recurso a una acción individual y colectiva; y
3. hacer las cosas de modo tal que "tengan el mismo peso sobre la conducta del gobierno, o que, en otras palabras, no existan discriminaciones según los contenidos o el origen de tales preferencias" [*ibidem*, 28-29].

Para que estas tres condiciones se realicen son necesarias, según Dahl, ocho garantías constitucionales:

1. Libertad de constituir organizaciones y de afiliarse;
2. libertad de expresión;
3. derecho a votar;
4. derecho a competir por el apoyo y los votos;
5. elegibilidad de los cargos políticos;
6. fuentes alternativas de información;
7. elecciones libres y justas; y
8. instituciones que hagan al gobierno dependiente del voto y de otras formas de expresión de las preferencias políticas.

Las *elecciones* tienen un papel central para la definición de la democracia liberal –en particular en el pasaje de las definiciones normativas a las definiciones procedimentales de democracia–. Democráticos son, pues, en esta concepción, aquellos regímenes que garantizan a todos los ciudadanos el derecho a voto. Elecciones libres y justas e instituciones constituidas por personal electo son consideradas como garantías indispensables para la democracia:

> [...] un sistema representativo no puede existir sin elecciones periódicas adecuadas al fin de hacer responsables a los gobernantes respecto de los gobernados [...] un sistema político se califica como representativo cuando prácticas electorales honestas aseguran un grado razonable de consonancia entre gobernantes y gobernados [Sartori 1990, 230].

Para que haya democracia, estas elecciones deben ser competitivas, justas y recurrentes:

> No es, de hecho, suficiente que haya elecciones; debe tratarse de elecciones donde haya una competencia real entre los candidatos, que a su vez esta competencia sea justa, y que las elecciones se repitan con un ritmo regular (de modo que quien sea elegido sepa dar cuenta a los electores de sus acciones dentro de un cierto margen de tiempo). Las elecciones deben, en efecto, funcionar como elementos de responsabilización, vinculando a los principales actores del gobierno –dado que la democracia comporta un sistema institucionalizado de representación–, "realizada a través de la designación electoral libre de ciertos organismos fundamentales (normalmente los parlamentos) [Cota 1990, 933].

Partiendo de este punto de vista, debe observarse que, si el concepto de democracia tiene una historia milenaria, la historia de los regímenes democráticos es, en cambio, breve. Como el mismo Dahl ha observado [2000, 5-6]:

> Si asumimos el sufragio universal como característica saliente de la democracia no hay prácticamente ningún país al mundo en el que no existan individuos más viejos que el sistema democrático.

La democracia liberal es ciertamente representativa: reconoce en las instituciones representativas la posibilidad de limitar los riesgos ligados al poder que las elecciones otorgan a las masas, las cuales son consideradas a menudo como ignorantes y peligrosas. Democracia es aquí "derecho de la ciudadanía a participar en la determinación de la voluntad colectiva a través de la mediación de los representantes electos" [Held 1997, 168]. John Stuart Mill, no casualmente, subrayó la diferencia entre controlar el gobierno y ejercer las funciones de gobierno, dejando estas últimas a los especialistas. Aunque los ciudadanos participen en la selección de los representantes, el principio del mandato no vinculante defiende la capacidad de estos últimos de decidir luego de modo autónomo. De modo explícito, muchos teóricos de un modelo de democracia liberal han definido la democracia directa como no realista:

> [...] cuando la formación social sobrepasa una cierta medida cuantitativa o cuando la diferenciación cualitativa de las tareas de la administración hace más difícil el desempeño satisfactorio de la designación de sus miembros por medio de turnos, sorteo o elección [Weber 1974, 256].

La competencia electoral es, desde este punto de vista, central para el funcionamiento del circuito del control electoral. Según Sartori, la democracia es un sistema ético-político en el que la influencia de la mayoría está basada en el poder de minorías que compiten entre sí y que son designadas a través de elecciones [Sartori 1969, 105]. La democracia requiere, pues, aquel "mecanismo que, (*a*) genera una poliarquía abierta cuya competencia en el mercado electoral (*b*) atribuye poder al pueblo y (*c*) lleva a la práctica específicamente la *responsiveness* del líder" [Sartori 1987, 156]. Los partidos políticos tienen una función fundamental en la implementación del principio de la responsabilidad electoral, estructurando la competición. Al estar presentes en el largo plazo, dan al elector la posibilidad de juzgar, y eventualmente castigar, a los responsables de un mal gobierno.

La democracia liberal no tiene, en todo caso, sólo una legitimación electoral –así de poco exacta es la observación según la cual "en democracia gana la mayoría"–. Una difundida concepción *constitucional* subraya la necesidad de limitar todo tipo de poder, incluso aquel de los órganos representativos, sometiéndolo al derecho. Las democracias liberales someten, de hecho, el poder de la mayoría a un control jurisdiccional, de respeto a la ley y a la constitución [Kelsen 1995, 123].

En democracia, conseguir la mayoría en el parlamento da derecho a decidir sobre muchas cosas, pero no sobre todas. Principalmente, la democracia excluye decisiones que puedan contribuir a corromper las reglas del juego democrático [Bobbio 1983, 316]. En una democracia, en efecto, las minorías son tuteladas por medio de aquello que ha sido definido como "constitucionalización" de algunos derechos –es decir, poner a reparo del arbitrio de las mayorías algunos elementos fundamentales para el pacto social sobre el que se fundan las democracias–. Como ha observado Morlino [2011, cap. 2]:

a) El régimen democrático es aquello que permite la mayor indeterminación en relación a los contenidos concretos de las decisiones que pueden ser tomadas por cuerpos electos o electoralmente responsables: esta incertidumbre siempre es relativa y no puede exceder los confines definidos para la salvaguardia de la propiedad privada;
b) estos confines están, además, fijados por el hecho de que la democracia está basada en un acuerdo de compromiso que reconoce reglas colectivamente aceptadas para la resolución pacífica de los conflictos entre partes sociales, políticamente representadas y significativas;
c) los límites son superados no sólo cuando hay tentativas de tomar decisiones que contravienen aquellas reglas, […] sino también cuando se toman decisiones que tienen efectos sobre intereses percibidos como vitales por parte de actores sociales implicados en el compromiso político.

De manera similar, en la que ha sido llamada la definición genética de democracia, la misma es considerada como aquel conjunto de normas y procedimientos que derivan de un compromiso orientado a una solución pacífica de las tensiones que emergen entre los actores relevantes de un cierto sistema político [por ejemplo, Przeworski 1991, 26-34].

En extrema síntesis, en la concepción liberal de democracia, competencia y responsabilidad electoral son centrales para la realización de la autonomía individual a la que esta concepción aspira. Como efecto de ambas se debería concretar un cierto grado de respuesta a las preferencias de los ciudadanos [Dahl 1970] –normalmente operacionalizadas como preferencias de la mayoría– sin perjuicio de la protección de los derechos básicos de las minorías.

Aunque se hable de competición, (sobre todo entre partidos) y de mayoría y oposición, la concepción liberal de la democracia está basada en el reconocimiento de los derechos individuales, mientras que los conflictos entre actores colectivos tienden a ser considerados –al menos en principio– como patológicos. Ciudadanos con una base similar de valores, interesados principalmente en su propio bienestar material, tendrían el poder de elegir de modo decisivo entre líderes políticos en constante competencia el uno con el otro. A menudo se afirma, de hecho, la necesidad de que haya valores compartidos de forma generalizada, aunque cada vez existan más dudas sobre el nivel real de asuntos compartidos dentro de las democracias contemporáneas. Como David Held observa, en la concepción del elitismo competitivo:

El elector tiene como único rol el de aceptar o rechazar un *boss* antes que otro. El *boss* asegura el orden y la capacidad de administrar la complejidad del mundo político; el voto del electorado refuerza la legitimidad para la consecuente acción política [1997, 265].

La competencia tiene que ser limitada, sin embargo, a algunos temas. Tal como David Held ha sintetizado:

> [...] la competencia entre líderes y partidos rivales debe considerar una gama de cuestiones políticas relativamente limitadas: tienen que estar vinculados recíprocamente por un consenso sobre la orientación global de la política nacional, sobre un programa parlamentario que sea razonable y sobre asuntos constitucionales generales [*ibidem*, 266].

En esta perspectiva, la participación tiene que estar limitada y dirigida, para evitar una sobrecarga de demandas. J.A. Schumpeter [1967, 280-281] destacaba, en efecto, que:

> [...] los electores tienen que respetar la división del trabajo entre ellos y los hombres políticos que eligen. No deben retirarles demasiado fácilmente la propia confianza en el intervalo entre una elección y la siguiente y tienen que entender que, desde el momento en que han elegido a alguien, la acción política le corresponde a esta persona y no a ellos.

Incluso cartas o peticiones reducirían esta necesaria libertad de acción del representante [*ibidem*].

Según un estudio muy controvertido, en los años setenta el crecimiento de la participación habría llevado a una crisis de la democracia, caracterizada por "desintegración del orden civil, derrumbamiento de la disciplina social, debilitamiento de los líderes y alienación de los ciudadanos" [Crozier, Huntington y Watanuki 1975, 2]. Los gobiernos de Estados Unidos y las democracias europeas fueron descritas allí cómo expuestas a un excesivo *stress*, justamente como consecuencia del crecimiento de la participación, considerada como un desafío a las instituciones. Tal como Huntington escribió [1975, 37-38], el problema de los gobiernos occidentales derivaba de un "exceso de democracia":

> El obrar efectivo de un sistema político democrático necesita normalmente una cierta cuota de apatía y falta de compromiso de parte de la población. La vulnerabilidad del gobierno democrático en los Estados Unidos deriva de las dinámicas internas de la democracia en una sociedad sumamente instruida, movilizada y participativa.

La paradoja era, en efecto, que justamente los grupos más instruidos parecían representar el peligro más grande para la democracia –siendo que eran los que presentaban más demandas al sistema–.

La emergencia de la democracia en el Estado liberal

Si la historia de los regímenes democráticos, definidos por el derecho a voto por parte de todos los ciudadanos, es breve, hay sin embargo precedentes lejanos en los que se han desarrollado prefiguraciones de democracia. En algunas de las ciudades independientes de Grecia y en la república romana del 500 a.C., existieron formas de gobierno que preveían la participación de un número consistente de ciudadanos. En particular, en Atenas entre el 500 y el 300 a.C., una asamblea abierta a todos los que gozaban del *status* de ciudadanos asignó ciertos cargos administrativos, mientras que otros eran definidos por sorteo. Formas limitadas de gobierno popular también existieron en la antigua Roma. Después de mil doscientos años, en las ciudades-Estado del Norte de Italia volvieron a surgir formas de participación popular en el gobierno, sobreviviendo luego por más de dos siglos [Dahl 2000, 16 ss.].

Estas primeras experiencias no contemplaron algunas instituciones fundamentales para la definición de un régimen democrático –como la presencia de un parlamento electo por sufragio universal– que, en cambio, se estaban (lentamente) desarrollando en Gran Bretaña, los países escandinavos, Suiza y los Países Bajos.

En la producción académica sobre la "primera democratización", la investigación se ha concentrado sobre todo en la ampliación de los derechos políticos y de las instituciones vinculadas a tales derechos. En un importante estudio comparado entre varios países, el politólogo noruego Stein Rokkan hablaba de *umbrales institucionales* que cada movimiento político, para ser plenamente integrado en las instituciones democráticas, tiene que superar. Las elecciones son comparadas por el autor con los diques de un canal, que permiten el crecimiento de nuevos actores para hacerlos luego afluir a las instituciones, pero también "encauzar la marea y contener las oleadas." Rokkan ha escrito [1982, 141] que:

> [...] esta metáfora es aún más apropiada para describir las típicas secuencias del proceso de democratización y de movilización de masas: cada movimiento político "creciente" debe pasar por una serie de diques, moviéndose hacia el interior, a lo largo del camino que lleva al corazón del sistema político, y hacia arriba, en dirección a la arena central del proceso decisional.

Estos "diques" o umbrales institucionales, son cuatro: el umbral de *legitimación*, conectado al derecho de expresar las mismas ideas y organizarse; el umbral de *incorporación*, conectado a la capacidad de influenciar las elecciones de los representantes; el umbral de la *representación*, conectado con la entrada en el parlamento; y el umbral del *poder ejecutivo*, conectado a la capacidad de control sobre el gobierno.

El proceso de ampliación de los derechos de participación es distinto en los diferentes países. Para la calidad y estabilidad de la democracia ha sido muy importante considerar el *timing* –es decir, la evolución temporal– de la superación de los varios umbrales. Rokkan, de hecho, presenta del siguiente modo los objetivos de su investigacion en relación a la superación de los distintos umbrales institucionales:

> • En lo que concierne al umbral de *legitimación*: ¿a partir de qué momento de la historia de la formación del Estado y de la construcción de la nación se tiene un efectivo reconocimiento del derecho de petición, crítica y demostración contra el régimen?
> • Con respecto al umbral de *incorporación*: ¿cuánto tiempo pasó antes que a los partidarios de los movimientos de oposición les fueran concedidos los derechos formales de participar en las elecciones de los representantes?
> • En relación al umbral de la *representación*: ¿qué barreras impidieron la representación en el parlamento de los nuevos movimientos y cuándo y en qué manera fueron reducidas, facilitando la conquista de escaños en la asamblea legislativa?
> • En lo que hace al umbral del poder *ejecutivo*: ¿cuán influenciados fueron los órganos ejecutivos por las presiones del legislativo y "cuánto tiempo fue requerido para que la fuerza parlamentaria pudiera ser transformada en una influencia directa sobre el proceso decisional del ejecutivo, ya sea a través de algún tipo de regla proporcional para el acceso de los partidos menores, ya sea por medio de la responsabilidad del gabinete frente a las mayorías parlamentarias?" [*ibidem*, 142, énfasis propio].

La evolución temporal en la superación de los primeros dos umbrales está conectada, según Rokkan, con elementos tales como el nivel de consolidación territorial en la Edad Media y la continuidad de los órganos medievales de representación. Sistemas electorales y responsabilización del ejecutivo variaron, sin embargo, también sucesivamente, según las dimensiones del país y de circunstancias históricas específicas.

La afirmación de la democracia ha seguido y sigue, de hecho, muchos *recorridos*. En el análisis de Robert Dahl, estos recorridos son distinguibles a partir de las dos principales dimensiones teóricas del concepto de democracia:

> a) El *derecho a oposición*, que refiere al grado en que una serie de garantías constitucionales "se encuentran abiertamente disponibles, públicamente utilizables y plenamente aseguradas, al menos a aquellos miembros del sistema político que quieran controlar y cuestionar la conducta del gobierno";

b) el *grado de inclusión,* es decir la proporción de los ciudadanos a los que los derechos de oposición le son garantizados –en efecto, "Los regímenes se diferencian según el porcentaje de población a la que le es reconocido el derecho a participar, en un marco de mayor o menor igualdad de control y crítica de la acción gubernativa, es decir, de participar en el sistema de cuestionamiento público" [Dahl 1980, 28–29].

Cruzando las dos dimensiones, Dahl ha construido una tipología de regímenes políticos que distingue:

• *Hegemonías cerradas,* donde no hay ningún derecho de oposición para ningún ciudadano;
• *oligarquías competitivas,* donde hay derecho a la oposición para grupos restringidos;
• *hegemonías incluyentes,* con bajo grado de participación extendida a todos los ciudadanos;
• *poliarquías,* con amplio derecho a la oposición extendido a todos.

Dahl definió la *liberalización* como la concesión de derechos de oposición, y a la *inclusión,* o participación, como la extensión de estos mismos derechos a la mayor parte de la población. Históricamente la evolución de las dos dimensiones no ha ido en paralelo. Los recorridos de democratización –es decir, la evolución hacia las poliarquías– han sido muchos y variados.

En un primer recorrido la *liberalización precede a la inclusión:*

a) Una hegemonía cerrada aumenta las oportunidades para los cuestionamientos públicos y se transforma en una oligarquía competitiva ;
b) la oligarquía competitiva se transforma, por lo tanto, en un poliarquía si aumenta la inclusividad del régimen [*ibidem*].

Fig. 1.1. Los recorridos de la primera democratización: la "caja" de Dahl.

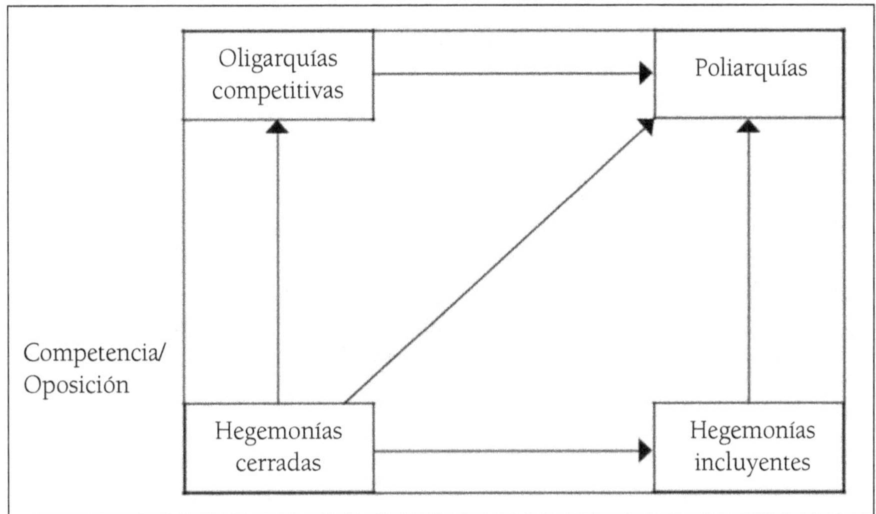

Fuente: Dahl [1980].

En el caso inglés, por ejemplo, ha habido un recorrido de liberalización, con una ampliación del derecho de oposición que ha precedido la extensión de la participación: el sistema de oposición fue, efectivamente, bien desarrollado ya antes de la concesión del sufragio universal. De tal modo, se ha presentado una etapa intermedia desde una hegemonía cerrada a un oligarquía competitiva.

En el segundo recorrido la *inclusión precede la liberalización:*

a) Una hegemonía cerrada se convierte en inclusiva; *b)* la hegemonía inclusiva se transforma, por lo tanto, en una poliarquía aumentando las oportunidades de cuestionamiento público [*ibidem*].

En muchos países, la evolución hacia la poliarquía se llevó a cabo a través de un recorrido que ha privilegiado la inclusión, con una etapa intermedia desde hegemonías cerradas a hegemonías inclusivas, principalmente por medio de la ampliación de un único derecho de oposición: el voto.

En el tercer derrotero hay un "atajo", con un pasaje directo desde hegemonías cerradas a poliarquías. En estos casos, "una hegemonía cerrada se transforma de repente en poliarquía garantizando inesperadamente el sufragio universal y los derechos de cuestionamiento público" [*ibidem*, 55].

Según Dahl, el primer tipo de recorrido ha sido el más saludable para la democracia, permitiendo una gradual socialización de los nuevos grupos a las reglas de juego. Esto es lo que sucedió, en efecto, con las poliarquías más antiguas y estables donde "las reglas, las prácticas y la cultura de la política competitiva se afirmaron primero en una élite restringida." En estos casos, el arduo conflicto sobre la democratización ha sido:

> [...] limitado por lazos de amistad, familiares, de interés y de carácter ideológico que caracterizaron al pequeño grupo de notables que dominó la vida política del país. Sucesivamente, cuando otros estratos sociales fueron admitidos a la arena política, entonces fue posible socializarlos a través de las normas y las prácticas de la política competitiva que ya habían sido desarrolladas y consolidadas por las élites [Dahl 1980, 56].

El segundo recorrido generalmente es más peligroso:

> Si el sufragio resulta ampliado antes que las artes de la política competitiva hayan sido aceptadas, entendidas y consideradas legítimas por parte de las élites, entonces, muy probablemente, la búsqueda de un sistema de garantías recíprocas será compleja y tortuosa.
> Raramente, entonces, los atajos han llevado a poliarquías estables. Si el recorrido de liberalización es lo que mejor permite la elaboración de un sistema de garantías recíprocas, que estabilicen el régimen, ello no representa, no obstante, una opción realista para los regímenes no-democráticos contemporáneos [*ibidem*, 57-58].

Los distintos recorridos, más o menos fáciles, de democratización han sido influenciados por algunas características sociales. En un análisis de amplias miras históricas sobre varios países, Barrington Moore [1969, 465] ha puesto en evidencia como algunas configuraciones socioeconómicas han sido más favorables al desarrollo de la democracia. En su trabajo, son identificadas tres vías a la sociedad moderna:

> La primera ha unido el capitalismo y la democracia parlamentaria a través de una serie de revoluciones: la revolución puritana, la Revolución Francesa y la guerra civil estadounidense [...] El segundo camino es también un camino capitalista, pero, a falta de una fuerte oleada revolucionaria, ha atravesado muchas formas de reacción política para culminar en el fascismo [...]. La tercera vía es la comunista.

Sólo en el primer recorrido la modernización es transitada a través del desarrollo de la democracia, definida como:

> [...] una larga lucha, nunca definitivamente victoriosa para realizar estos tres objetivos estrechamente interconectados: 1) controlar los gobiernos arbitrarios; 2) sustituir las leyes arbitrarias con leyes justas y racionales; 3) hacer participar a la población en la formación de las leyes. La decapitación de los reyes ha sido el aspecto más dramático y, ciertamente, no el menos importante de la lucha para realizar el primer objetivo. De la lucha para realizar los otros dos objetivos, aspectos familiares y famosos han sido los esfuerzos por instaurar el gobierno de la ley, el poder de la legislatura, y más tarde, el empleo del Estado como instrumento para la realización del bienestar social [*ibidem*, 466-467].

Los factores que favorecieron la afirmación de la democracia en la Europa occidental fueron múltiples. En primer lugar, la monarquía absoluta desarrolló una función importante en "poner un freno a las turbulencias de la nobleza. La democracia no podía florecer bajo la amenaza del saqueo por parte de barones depredadores" [*ibidem*, 470]. Por otro lado, sin embargo, la presencia de una nobleza lo suficientemente fuerte para disputar el poder de la monarquía también ha sido un elemento importante para el desarrollo de la democracia. De la relación feudal de vasallaje, típico de la Europa medieval, se mantuvo tanto la idea del derecho a la resistencia a la autoridad injusta, como la concepción de un contrato como compromiso recíproco suscrito sin coerción por personas libres. Eso permitió en la Europa occidental "aquellos delicados equilibrios entre demasiado y demasiado poco poder del monarca que dio un importante impulso a la democracia parlamentaria" [*ibidem*, 468]. En efecto:

> [...] en los inicios de los tiempos modernos uno de los prerrequisitos de la democracia ha sido el emerger de un *equilibrio entre la corona y la nobleza*, en el que el poder regio predominó, pero dejaba un grado de substancial independencia a la nobleza [*ibidem*, 470, énfasis propio].

Un ulterior elemento que favoreció la democracia fue la existencia de una *burguesía urbana* numerosa y vigorosa. "Ninguna burguesía, ninguna democracia" [*ibidem*]. Como diferentes estudiosos coinciden, la burguesía tiene un efectivo interés en desarrollar una serie de derechos individuales –principalmente los derechos a la propiedad privada y a firmar contratos, antes que ningún otro– que pueden favorecer indirectamente el desarrollo de derechos políticos.

Incluso, la democracia fue facilitada por la *evolución mercantil de la aristocracia terrateniente*. La necesidad de encontrar dinero para pagar impuestos crecientes y el desarrollo del comercio con la ciudad empujaron a la aristocracia inglesa hacia una forma de agricultura mercantil que, en los hechos, liberó a los campesinos de muchos vínculos de sometimiento a los señores y creó solidaridad con los intereses de la burguesía emergente en las ciudades.

Si la alianza entre ciudad y campo ayudó a la evolución democrática, la condición necesaria para el desarrollo de la democracia fue, en todo caso, *la ausencia de una coalición aristocrático-burguesa contra los campesinos y los trabajadores.*

En la experiencia histórica de Gran Bretaña, Francia y los Estados Unidos, finalmente, *revoluciones violentas* fueron parte del proceso de industrialización y democratización que se dio a través del debilitamiento del poder de la élite agraria y de la destrucción de la sociedad campesina. La ruptura revolucionaria con el pasado es considerada otra característica necesaria para el desarrollo de la democracia.

Muchos estudios evidenciaron como el desarrollo de la democracia ha estado estrechamente conectado con ciertos recorridos de *construcción del Estado nacional*. Si "el Estado hace las guerras, pero las guerras la hacen los estados", también algunas principales etapas de desarrollo de la democracia y la política de masas pasaron por el reconocimiento a los ciudadanos de cada vez mayores derechos. De hecho, "era interés de un Estado que se confrontaba con los demás, tener soldados bien nutridos, obreros sanos y sin problemas de envejecimiento" [Pizzorno 2010, xxiii]. Esto sirvió no sólo para mantener tranquilos a los soldados y civiles por medio de ventajas materiales, sino también para construir identidades colectivas que legitimaran la demanda de lealtad al Estado.

Justamente, el reconocimiento de estos derechos contribuyó, como veremos en el próximo capítulo, a una transformación profunda de las instituciones democráticas que, inicialmente, se habían basado en concepciones elitistas e individualistas. La concepción elitista de la representación, presente en la primera república francesa como en aquella americana, es bien explicitada en la a menudo citada afirmación de James Madison, "To the people of the state of New York", publicado en *The Federalist*, que define las elecciones como un instrumento para:

> [...] purificar y ampliar los puntos de vista del público haciéndolos pasar a través de un cuerpo elegido de ciudadanos cuya sabiduría es la más indicada para distinguir el verdadero interés de su país y cuyos patriotismo y amor por la justicia serán menos susceptibles de ser sacrificados a consideraciones contingentes y parciales [en Sintomer 2007, 37].

Viceversa, el sorteo, ya utilizado en algunas experiencias locales, fue rápidamente abandonado en cuanto amenazaba con dar poder no a los mejores, sino a los ciudadanos comunes. No es casualidad que, en el siglo XIX, fue justamente la izquierda quien defendiera, también en los procedimientos judiciales, la institución de jurados populares, que los conservadores consideraban, en cambio, técnicamente incapaces y emotivamente influenciables [*ibidem*].

Los Estados democráticos además nacen con una idea de democracia ligada a derechos individuales y/o libertades negativas. Como David Held observa [1997, 138], los teóricos de la democracia liberal, (desde Jeremy Bentham a John Stuart Mill y a los utilitaristas en general) justificaron el Estado liberal sobre la base de sus capacidades de asegurar:

> [...] a los individuos aquellas condiciones que son necesarias para perseguir los propios intereses sin el riesgo de una arbitraria interferencia política, para participar libremente en las transacciones económicas, intercambiar fuerza de trabajo y bienes en el mercado y apropiarse de manera privada de los recursos.

En la concepción del liberalismo del siglo XIX, "el Estado debía hacer el papel de árbitro y garante mientras los individuos perseguían, en la sociedad civil, sus intereses según las reglas de la competencia y el libre comercio" [*ibidem*, 138].

Por largo tiempo, en cambio, fue ilegal toda acción concertada para la defensa de intereses específicos (salarios, condiciones de trabajo). En efecto, la concepción del Estado como garante era acompañada por la intolerancia hacia quienes cuestionaban ciertas reglas: "Aquellos que amenazaban la seguridad de la propiedad o la sociedad de mercado, amenazaban la realización del bien público" [*ibidem*, 138-139].

El discurso ilustrado dominante en la Revolución Francesa sustentó, de hecho, las libertades individuales y la competencia, oponiéndose a las corporaciones de oficios y proclamando una libertad de tipo individual [Sewell 1980, 73]. La propiedad privada fue defendida como derivada del trabajo del hombre, en especie, precedente a la intervención del Estado; la sociedad era presentada como un acto voluntario de asociación entre individuos independientes. Suprimidas por el edicto de Turgot de 1776, las corporaciones fueron consideradas responsables, por sus vínculos con el comercio y la industria, no sólo de hacer aumentar los precios, sino también de privar a muchos del derecho a trabajar. Sucesivamente, la ley Le Chapelier afirmó el derecho de reunirse en cuanto ciudadanos privados, pero no como miembros de corporaciones para promover intereses comunes. En la asamblea constituyente prevaleció la libertad de trabajo sobre la de asociación [*ibidem*, 90]. La Revolución Francesa "destruyó el orden corporativo de la monarquía tradicional y lo reemplazó con una sociedad basada en ciudadanos individuales, contratos y propiedad privada" [*ibidem*, 167].

También en Inglaterra, las libertades civiles y religiosas fueron conectadas principalmente al libre comercio [Thompson 1969, 57]. Tom Paine, incluso apoyando la necesidad de medidas sociales que pudieran reducir el desorden y, por lo tanto, legitimar el gobierno, no deseaba, sin embargo, una intervención del Estado sobre la propiedad privada [*ibidem*, 105]. Las libertades individuales no incluían, inicialmente, un pleno derecho de asociación. Los *Combination Acts* del 1799-1800 vetaron los sindicatos, y el *Seditious Societies Act* del 1799 confirmó la oposición a las asociaciones nacionales, haciendo ilegales las *Corresponding Societies* (vinculadas a la *London Constitutional Society*).

A esta concepción de democracia se acompaña una específica visión de la sociedad, como compuesta por individuos dotados de intereses, predominantemente materiales. Tal como David Held escribe [1997, 140]:

> [...] la democracia es un requisito lógico necesario para la dirección de una sociedad ya libre de la tradición y del poder absoluto, en la que viven individuos con deseos iluminados que constituyen una masa de consumidores cuyo objetivo es aquel de obtener el máximo de satisfacción privada.

Las transformaciones en la democracia: los desafíos

La forma liberal de democracia se ha desarrollado en contextos caracterizados por Estados orientados a llevar adelante una creciente intervención con respecto al mercado, democracias de partido y plena soberanía de los Estados nacionales. Estas condiciones están sometidas siempre a desafíos. En particular, la globalización neoliberal, tal como otras transformaciones sociales y políticas que han caracterizado el fin del viejo milenio y el principio del nuevo, han producido:

– Un pasaje de poder del Estado al mercado;

– un pasaje de poder de las instituciones representativas al ejecutivo;

– un pasaje de poder del Estado-nación a las Organizaciones Gubernamentales Internacionales (OGI).

Al subrayar estos pasajes no quiero afirmar que sean evoluciones naturales, completas o irreversibles. Se trata, en todo caso, de desafíos a la visión extendida de la democracia liberal. No al azar, Colin Crouch observó que la concepción de democracia que resulta desafiada por los cambios recientes es la de la democracia liberal, que:

> [...] insiste sobre la participación electoral como actividad predominante para las masas, deja un amplio margen de libertad a las actividades de los lobbies, [...] y anima una forma de gobierno que evita interferencias con la economía capitalista [Crouch 2003, 5].

¿Del Estado al mercado? En lo que concierne al pasaje del Estado al mercado, la *deregulation* de los mercados financieros, la reducción de los impuestos sobre el

patrimonio, la privatización de los servicios públicos, son tendencias comunes a muchas democracias [*ibidem*]. Los efectos de la desregulación y las privatizaciones sobre el funcionamiento de la administración pública son, en efecto, discutidos. Se ha observado que las políticas de adaptación al mercado, de privatización, de orientación a la eficiencia y al *management*, de devolución al mercado o de desarrollo de agencias independientes y compañías públicas, se han desarrollado todos ellos sobre la base de procesos de difusión internacional, sustentados por una ideología que sugiere que la despolitización produce eficiencia.

Reformas administrativas, presentadas a menudo como aplicaciones de la teoría del *public management*, han sido, hasta hace unos años, casi unánimemente estimadas como capaces de reducir el clientelismo y parasitismo de los partidos, simplificar procedimientos administrativos barrocos y relanzar la iniciativa económica. Desregulación administrativa y privatizaciones de los servicios públicos han sido considerados como funcionales a un relanzamiento de las economías locales, gracias al espacio dejado a las iniciativas privadas. En todo caso, ha sido sobre todo a partir del nuevo milenio que han emergido las debilidades y el carácter crítico del nuevo modelo en distintos términos, ya sea de reducción de la calidad de una serie de servicios de utilidad pública, ya sea de una pérdida de legitimidad de los órganos de gobierno local, testimoniada por la continua reducción de la participación electoral. Los efectos sobre la legitimación de la democracia son inmediatos:

> Sin duda, una vez revocada la oportunidad (o incluso la posibilidad) de una política bienestarista, se debilita la imagen de una democracia dirigida al futuro, confiada a la progresiva actuación de la igualdad [...] En cuanto se seca el terreno que hace posible (o al menos creíble) la relación de complementariedad entre los distintos derechos y su nexo con la democracia, se extingue otro de los elementos caracterizadores de la democracia constitucional [Costa 2010, 39].

Los servicios públicos pierden sus razones de ser, siendo sometidos cada vez más a lógicas privatistas de equilibrio del balance presupuestario: así, instituciones con funciones sociales como hospitales, escuelas y universidades son sometidas "a la obligación de comportarse como si fueran empresas de negocios" [Crouch 2010, 183]. Mientras la satisfacción de los usuarios de los servicios públicos tiende a reducirse, el Estado no parece poder cumplir las funciones de regulación, oferta de servicios y reequilibrio de las desigualdades sociales, un tiempo consideradas como sus prerrogativas fundamentales.

En las visiones más pesimistas, la política y los gobiernos han perdido terreno o han sido conquistados por élites privilegiadas. El Estado de bienestar, producto del "compromiso de mitad de siglo" entre capital y trabajo, se convierte en víctima de una nueva concepción antiigualitaria, que tiende a reemplazar los derechos sociales con la caridad [Dore 2010, 177]. En su *Postdemocracia*, Colin Crouch [2003, 9] nota que, de hecho, la política y los gobiernos pierden terreno o son conquistados por élites privilegiadas. El modelo neoliberal dominante se basa en una concepción elitista sobre la participación de las masas de ciudadanos y sobre un incremento, en su lugar, de los espacios de influencia de los *lobbies*, que representan intereses fuertes [*ibidem*, 5].

Con la llegada de las concepciones neoliberales que promueven una reducción de la intervención del Estado sobre el mercado, un drástico declinar del altruismo habría corroído las "bases morales" de la economía capitalista y, con ellas, su capacidad de definir un interés general [Dore 1998, 244], o al menos de permitir el desarrollo de aquellos derechos sociales que han sido colocados a la base de algunas concepciones de democracia, (cfr. también el cap. 2). La globalización económica, sobre todo en algunos sectores, no ha producido competencia sino "altas barreras a la entrada, favoreciendo un pequeño número de grandes multinacionales" [Crouch 2010, 182]. En estas interpretaciones, los efectos de la desregulación y de las privatizaciones serían un crecimiento de multinacionales y oligopolios en lugar de un mercado competitivo. Al mismo tiempo habría una involución del Estado: "el retroceso a un Estado penal, concentrado sobre la represión, y que, en cambio, abandona progresivamente su función social en la instrucción, la salud, la seguridad social" [Bourdieu 1998, 34].

En efecto, los presupuestos públicos son reducidos sobre todo en los servicios sociales, atados al desarrollo del Estado democrático, y no en cambio en los gastos que conciernen a las tareas predemocráticas del Estado, como:

> [...] la extensión de honores oficiales y privilegios simbólicos para los ricos y poderosos, el desarrollo de un complejo aparato de leyes, prisiones y fuerzas de policía para proteger la propiedad privada [...], la distribución de lucrativos contratos públicos [Crouch 2010, 185].

En ausencia de una concepción positiva de integración internacional:

> [...] gobiernos nacionales, aterrorizados por la amenaza implícita de fuga de capitales, se han dejado seducir y atrapar por tendencias de desregulación que pudieran reducir costos, engendrando obscenas ganancias y drásticas disparidades de rédito, creciente desempleo y marginalización social de una población pobre cada vez mayor [Habermas 2001, 79].

Además, la apertura de las fronteras para bienes, servicios y finanzas ha reforzado las empresas multinacionales. No sólo su número ha crecido, (se cuentan 60.000 a principio de los años 2000), sino que éstas crecieron también en dimensiones y capacidad de influenciar los Estados, cada vez más debilitados en sus competencias. En 2000, las grandes multinacionales fueron responsables del 42% de las exportaciones mundiales y del 10% de la producción, ocupando cuarenta millones de empleados [Pianta 2001].

En síntesis, aunque en medida diferente, en los distintos Estados, y de manera ciertamente no irreversible, se observa la difusión de una doctrina liberal que apunta a una reducción de la capacidad de intervención del Estado con respecto a la economía. Si bien las recientes crisis financieras han sacudido estas convicciones, ellas no han llevado todavía a una mutación de paradigma.

¿De los parlamentos a los ejecutivos? En lo que hace a los pasajes de competencias de los parlamentos al ejecutivo, investigaciones recientes han observado una rápida caída de la capacidad de los partidos para funcionar como mediadores entre la sociedad civil y las instituciones políticas [della Porta 2008]. Sobre todo, parecen haber perdido mucho de su "poder de identificación", es decir, sus capacidades de funcionar como poderosos objetos de identificación, ayudando a definir proyectos de largo plazo [Pizzorno 1981].

La relación entre partidos y movimientos, y con ello la presencia de estos últimos en la esfera pública, ha empezado, en efecto, a transformarse a partir de los años sesenta del siglo pasado. Los análisis de los partidos políticos describen (con particular intensidad después de la segunda guerra mundial) un progresivo acercamiento de los partidos a las instituciones y un alejamiento de la sociedad civil. Como ha observado Pizzorno [1996, 1028], los partidos mantienen su función de selección del personal político, pero:

> [...] la participación política como contribución a las propuestas de reorganización de la sociedad ya no pasa por los partidos, que ven reducirse en mucho su actividad asociativa y de socialización para la vida política.

Centralización de las decisiones y personalización del liderazgo han sido presentadas como las principales tendencias en la evolución más reciente de los partidos políticos —llevando a hablar de una americanización de los partidos europeos, orientados cada vez más a una gestión individualista de los botines y cada vez menos a la creación de identidades colectivas; cada vez más estatalizados (dependiendo del Estado para su financiamiento y prebendas) y cada vez menos de instituciones autónomas [Calise 2010]. La centralización de las decisiones en las manos de pocos líderes visibles se entrelazaría así con un involucramiento sólo formal de las bases (no sólo de los afiliados, sino también de los simpatizantes) para la selección de cargos, a través de instrumentos de democracia directa que, sin embargo, reducirían la función de los activistas, normalmente considerados más intransigentes, tanto respecto de los líderes como de los electores, y, en consecuencia, un obstáculo para elecciones políticas moderadas [Crouch 2010].

Justamente los medios de comunicación, en particular la televisión, facilitarían una identificación directa entre electores y líderes capaces de transmitir una imagen desenvuelta, desenfadada y calurosa, además de permitirles a estos últimos apoderarse de algunas temáticas relevantes [Barisione 2007], pasando por encima de la mediación del partido. La reducción de la confianza e identificación con los partidos podría explicar la personalización como estrategia para reconquistar el consenso [Diamanti 2007], sobre todo, pero no sólo, de los electores socialmente más marginales y menos interesados en la política. En este cuadro, también el uso por parte de los líderes de un lenguaje "anti-político", de enfrentamiento con los partidos y políticos profesionales [Campus 2006], se convierte en un instrumento para reforzar liderazgos personalistas, por parte de hombres políticos que subrayan, paradójicamente, su ajenidad a la política. De modo parecido, las apelaciones populistas, (al pueblo contra las élites), por parte de los partidos (predominantemente, pero no solamente, de centroderecha), tratan de utilizar la baja identificación partidaria y la desconfianza en la política institucional para crearse un séquito electoral.

En esta situación se reducen la adhesión y la confianza de los ciudadanos hacia los partidos. Según datos del Eurobarómetro, entre 1975 y 1992, el porcentaje de quienes declararon una fuerte adhesión a los partidos ha disminuido en casi todos los países europeos. La caída parece particularmente sensible en Italia (donde el porcentaje de entrevistados que se declara cercano a un partido ha bajado del 46% en 1978 al 31% en 1992), Francia (del 28 al 16%) y los Países Bajos (del 40 al 28%). En la media europea el porcentaje de ciudadanos cercanos a los partidos ha bajado del 37% al 29% en esos mismos años. En las democracias avanzadas, el porcentaje de los que se identifican fuertemente con los partidos está en caída en los 21 países analizados [Dalton 2000; cfr. también della Porta 2008 y Dalton y Wattemberg 2000]. Una investigación sobre Austria, Alemania, Dinamarca, Finlandia, Alemania, Países Bajos, Noruega, Suecia y Reino Unido indica que el porcentaje de electores que han cambiado de partido entre una elección y la siguiente (entre los que han votado en ambas elecciones) ha aumentado de manera constante pasando del 11% en el período 1950-54 al 26% en el período 1990-94 [Lane y Ersson 1999, 195].

Estas tendencias parecen haber sido particularmente visibles durante los años noventa, sobre todo a causa del derrumbamiento de los regímenes del "socialismo real" y de la oleada de escándalos políticos que ha investido numerosas democracias occidentales [Penning y Lane 1998]. En el caso de Italia, extremo por la entidad de la corrupción que fue descubierta a partir de 1992, ninguno de los partidos presentes en parlamento en 1985 ha sobrevivido diez años después sin profundas mutaciones, no sólo en el nombre, sino también en la estructura organizativa [Morlino 1996]. Se ha observado que, en particular, se ha puesto en duda la confianza de los electores sobre las competencias y capacidades de sus propios partidos (así como también la convicción de que los políticos escuchen a los ciudadanos) [Dalton 2004, 28 y 149].

En la introducción a una reciente colección de ensayos sobre la relación entre democracia y partidos los curadores del volumen observan que:

> Hay un aspecto irónico y preocupante en la tercera oleada de democratización global. En el pasado cuarto de siglo, la democracia se ha difundido en el mundo en una medida sin precedentes [...]. Sin embargo, hay una sustancial y creciente desafección con respecto a muchas de las instituciones democráticas específicas y ninguna institución es considerada peor que los partidos [Diamond y Gunther 2001, ix].

La introducción continúa mencionando la erosión de la adhesión a los partidos políticos y recordando que, en diecisiete de las diecinueve democracias sobre las que hay datos, la proporción de la población identificada con los partidos, así como el apoyo a estos últimos han declinado. Al mismo tiempo, en las nuevas democracias la desconfianza hacia los partidos se halla muy difundida. Como observa, sin embargo, en el mismo volumen, Philippe Schmitter, "desdichadamente por el prestigio de su disciplina, [los cientistas políticos] no están seguros de saber qué hacer para 'arreglar los partidos'" [Schmitter 2001, 67].

Como efecto del "descongelamiento" del electorado, parece además haber crecido el abstencionismo electoral. Si nos fijamos en el desempeño de la participación de las elecciones en los países europeos entre la inmediata posguerra y fines de los años noventa, notamos un tendencial retraimiento, que se acentúa si comparamos el final de los años sesenta con el final de los años noventa, aunque con notables diferencias entre países. A un grupo de países donde la participación electoral es tendencialmente estable (como Bélgica, Francia y Luxemburgo), se contraponen otros caracterizados por una fuerte disminución de los porcentajes de voto, entre ellos: Noruega (-9,8), Italia (-9,9) Irlanda (-11), Finlandia (-16,9) y los Países Bajos (con -22,2)[2]. El debilitamiento de la capacidad de arraigo de los partidos en la sociedad civil ha sido particularmente marcado en Italia, donde la relación miembros/electores de los principales partidos caerá de los doce puntos de los años cuarenta, cincuenta y sesenta, a nueve en los años setenta y ochenta y hasta cuatro de los años noventa y dos mil [Raniolo 2007, 125].

¿Del nivel nacional al nivel internacional? Finalmente, con respecto a lo que tiene que ver con el pasaje de competencias desde el nivel nacional al internacional, los Estados normalmente han sido considerados como los principales, si no los únicos, actores de la política internacional. En el enfoque realista, por largo tiempo dominante en la disciplina de las relaciones internacionales, en un sistema global anárquico, los Estados compiten entre sí, de distintas maneras, en nombre de sus intereses nacionales. Esta visión ha sido, no obstante, cuestionada desde muchos puntos de vista. En primer lugar, se ha relevado el crecimiento del número y competencias de otros actores, normalmente definidos como Organizaciones No Gubernamentales (ONG). En segundo lugar, se ha observado una politización de la política internacional, en el sentido de un creciente cuestionamiento a ella misma, pero también al surgimiento de un orden mundial basado en la difusión de normas comunes.

El aumento de la relevancia de la política internacional es testimoniado por un creciente número de organizaciones internacionales (de 37 en 1909 a 350 en 1995), de acuerdos internacionales (de 15.000 en 1960 a 55.000 en 1997), de conferencias internacionales (de un par al año en el siglo XIX a cerca de 4.000 al año al final del siglo XX). El número de acuerdos internacionales en las Naciones Unidas aumentó de 8.776 registrados a fines de 1960 a 63.419 para marzo de 2010 (http://treaties.un.org/pages/Home.¿aspx?lang=en).

Numerosas investigaciones han certificado también una creciente influencia de las organizaciones gubernamentales internacionales, lo que es visible por su creciente capacidad de imponer sanciones, decidir sobre controversias (entre Estados, pero no sólo entre estos) y adoptar procedimientos de decisión por mayoría. En particular, el Banco Mundial y el Fondo Monetario Internacional –que en los años de la Guerra Fría fueron acusados de repartir ayudas sobre la base de la pertenencia al bloque internacional amigo [Thacker 1998]– han aumentado su poder de intimación, por las cláusulas sobre liberalizaciones, privatizaciones y desregulaciones de impuestos a los países morosos en los programas de ajuste es-

---

[2] En general, las tasas de abstencionismo son, de hecho, extremadamente variables (con picos muy bajos en Francia, Finlandia, Irlanda y Reino Unido, a los que se suman también España, Grecia y Portugal) [cfr. también Raniolo 2007].

tructural [O'Brian *et al.* 2000, 162]. Se ha calculado que, a fines de los años noventa, la mitad de la población mundial y dos tercios de los países existentes estuvieron sometidos a presiones por parte de las dos instituciones financieras internacionales mencionadas [Pieper y Taylor 1998]. Finalmente, se ha observado un aumento de las OGI en las que las decisiones vinculantes para todos los Estados se toman por mayoría. En cuanto a la Organización Mundial del Comercio, la resolución de conflictos entre Estados ha cambiado de un sistema basado en la negociación a uno basado en el arbitraje [O'Brian *et al.* 2000, 71].

Las organizaciones internacionales también han contribuido a la difusión de normas internacionales que, en muchos casos, prevalecen con respecto a las leyes nacionales –entre ellas es posible recordar aquellas que defienden los derechos humanos, e incluso la creciente legislación europea. En consecuencia, se ha hablado de "globalización judicial" a propósito de la expansión de las cortes internacionales [Zolo 2004, 96]. El orden jurídico internacional, en constante crecimiento, tiene, por lo tanto, características particulares que lo alejan de la tradición europea de la ley como expresión del monopolio del mando por parte de las instituciones del Estado. Si bien el sistema de gobierno multinivel implica el desarrollo de normas globales, el área cubierta por el derecho público internacional todavía es limitada. La globalización económica ha estimulado en cambio el desarrollo de un derecho privado basado en la lógica privatista del contrato [Ferrarese 2000; Allegretti 2002]. Una nueva *lex mercatoria* se extendió junto con el rol ascendente de los estudios internacionales de abogados, especializados en el derecho de las multinacionales, pero también de sociedades de *rating* y arbitraje que, resolviendo disputas específicas entre sujetos económicos, producen normas [Sassen 2001]. El número creciente de sujetos habilitados para producir normas ha llevado a hablar de una ley *à la carte*, diseñada sobre la base de las necesidades de las empresas en el mercado global [Dezalay y Garth 1996]. En este régimen de derecho privado transnacional, las normas son reactivas, *ad hoc*, a menudo no escritas y siempre negociadas [Ferrarese 2000, 138]. La globalización lleva, por lo tanto, a un crecimiento de la fragmentación y opacidad de la soberanía con un *shopping* entre sistemas legales alternativos, complementarios o antagonísticos [Beck 1999].

Junto a su poder, también ha crecido el debate sobre el "déficit de democracia" que caracteriza a estos organismos, mayoritariamente no electivos y poco transparentes en su modo de funcionar y, por lo tanto, responsables con respecto a los ciudadanos [Held y McGrew 2010]. Es así que le ha sido quitado el "consentimiento complaciente" a la Unión Europea, sancionado por una opinión pública cada vez más exigente y crítica. La tendencia de los gobiernos nacionales a justificar decisiones impopulares de recortes al presupuesto en nombre de las restricciones impuestas por el proceso de integración europea ha contribuido a hacer crecer las críticas hacia ciertas decisiones de las instituciones europeas. El conflicto sobre la integración europea ha sido definido como un "gigante dormido", aún poco estructurado en el sistema de partidos, pero listo para estallar en cuanto se presentan empresarios políticos dispuestos a representarlo: si "al momento en la mayor parte de los países los electores están dispuestos a congelar sus preferencias relativas a la UE y a elegir entre los partidos en base a otras consideraciones", hay que preguntarse "cuánto pueda durar" [Franklin y van der Eijk 2004, 47]. En efecto, en muchos países europeos, la oposición a la integración ha sido canalizada por partidos euroescépticos de diferente composición.

Una legitimación democrática aún más baja ha sido en general reconocida a aquellas redes informales que –como el G8 o el G9– reúnen en encuentros periódicos a los Estados que se consideran económicamente más potentes. Ha sido especialmente criticada la autoreferencialidad de estas redes, junto con su poderosa influencia sobre otros Estados económica y/o militarmente dependientes. También se han dirigido fuertes críticas a las así llamadas instituciones financieras internacionales, como el Banco Mundial, el Fondo Monetario Internacional y la Organización Mundial del Comercio. Estas OGI han sido sobre todo acusadas de concretar políticas neoliberales que dan ventajas a ciertos Estados poderosos, gracias al mencionado aumento de su capacidad para imponer sanciones y/o tomar decisiones vinculantes en controversias internacionales. Asimismo, han sido criticados los procedimientos decisionales pocos visibles a la opinión pública y, en algunos casos, la inequitativa influencia de los Estados miembros en el proceso decisional. Las propuestas de reforma, presentadas en estos casos, comprenden sobre todo una reducción de la facultad de vincular préstamos y apoyo económico a la implementación de políticas específicas, una mayor transparencia en el proceso decisional con respecto a la opinión pública, además de una mayor capacidad de control por parte de la asamblea general de las Naciones Unidas.

Esto no quiere decir en todo caso que los Estados, especialmente algunos de ellos, hayan perdido gran parte de sus competencias. Antes que nada, la globalización económica no es el fruto de incesantes transformaciones tecnológicas, sino más bien el producto de decisiones políticas, adoptadas incluso por gobiernos nacionales. La liberalización del comercio y de los mercados financieros, así como la liberalización de los servicios, ha sido fuertemente buscada por ciertos gobiernos (en particular por los Estados Unidos), junto a algunas OGI [Strange 1994]. Como ha observado, entre otros, Colin Crouch [2003, 95], la difusión de la ideología del libre mercado ha sido promovida por la Organización Mundial del Comercio, cuyos objetivos "postdemocráticos" incluyeron la liberalización del intercambio de bienes y servicios. También en este caso Estados nacionales poderosos han promovido aquellas políticas transnacionales [Beck 1999; Boli y Thomas 1999].

Los desafíos a la democracia liberal

Estas tres tendencias representan otros tantos desafíos a las principales fuentes de legitimación de las democracias realmente existentes. Como ponen en evidencia las recientes (pacíficas) revoluciones en el Norte de África, la reducción de la intervención del Estado contra las desigualdades sociales ha disminuido el potencial de "legitimación en fuga" (es decir, atado a la capacidad de satisfacer deseos y necesidades de los ciudadanos). Al mismo tiempo, la disminuida confianza en los partidos y la consiguiente menor participación en ellos han puesto en crisis el principal mecanismo de legitimación "por entrada". El crecimiento del impacto de los fenómenos de internacionalización también ha incidido negativamente, ya sea sobre la legitimación "por entrada", dadas la escasa transparencia y la dudosa *accountability* de los OGI, ya sea sobre la legitimación en fuga, dadas las crecientes restricciones presupuestarias impuestas a los Estados. Como ha subrayado John Markoff [1999, 283], la globalización ha transformado el modo en que la democracia es analizada: en un mundo caracterizado por intensas conexiones internacionales, los principales problemas de legitimación conciernen a las instituciones internacionales, incluso más aún que a las nacionales. Más exactamente, "en la medida en que el Espacio Globalizado resulta caracterizado por procedimientos democráticos convencionales, los mismos son *ad hoc*, no sistemáticos, irregulares y frágiles" [Rosenau 1998, 39]. Conceptos como territorialidad y mayoría o ciudadanía, solidaridad y obligaciones recíprocas [Marchetti 2008] deben ser reelaborados para poder ser aplicables a las OGI que, sin apropiarse de las competencias de los Estado-nación, sobre todo de algunos de ellos, son, en todo caso, ciertamente cada vez más influyentes. Al mismo tiempo, el proceso de politización de la política internacional hace a los problemas de legitimación, transparencia y participación democrática a nivel transnacional cada vez más relevantes [Zuern y Ehrhardt 2011].

Si bien ha sido dominante por largo tiempo una narrativa en términos de crisis de la democracia –o al menos de desafíos a la democracia–, emerge también una contranarrativa que subraya algunos elementos de crecimiento (real o potencial) de variadas cualidades democráticas. En extrema síntesis y con inevitable selectividad a los "-" le flanquean algunos "+" (cfr. tab. 1.1).

No sólo, como se ha dicho, ha crecido exponencialmente el número de los países formalmente democráticos, sino que también en las democracias occidentales, analistas de la participación política, de Pippa Norris [2002] a Russel Dalton [2004], a menudo han subrayado que si las formas más convencionales de participación (electoral o atadas a las actividades de los partidos) son menos concurridas, crecen, en cambio, en relevancia, otras formas de participación, democráticas aunque no convencionales.

La investigación sobre la comunicación política ha subrayado, junto a la comercialización de la esfera pública mass-mediática, la emergencia de esferas públicas (plurales), en parte también gracias a las nuevas tecnologías.

En los análisis sobre políticas públicas, el término "*governance*" ha asumido un sentido vagamente positivo (también en círculos inesperados) para identificar modos flexibles y participativos de gestión de las políticas públicas. Experimentos de democracia deliberativa en los procesos decisionales públicos se han, de hecho, desarrollado como medios para incrementar la participación de los ciudadanos, crear arenas comunicativas de alta calidad y empoderar a los ciudadanos mismos.

Tab. 1.1. Algunos desafíos y oportunidades para diversos modelos de democracia

Desafíos	Oportunidades
– democracia en los países democráticos de democracia	+ países con niveles al menos mínimos
– participación convencional	+ participación no convencional
– libertad (del mercado) de los medios	+ oportunidades tecnológicas para esferas públicas plurales
– *accountability* electoral	+ monitoreo
– intervención del Estado contra las desigualdades sociales	+ atención a otras dimensiones (género, ambiente, derechos humanos, etc.)

Tanto asambleas ciudadanas como jurados populares representan, en efecto, revisiones de antiguas concepciones de democracia. Aunque los procesos decisionales de participación sigan siendo una excepción antes que la regla, ellos son cada vez más utilizados como objeto de reflexión [della Porta y Gbikpi 2008].

En las relaciones internacionales, la investigación sobre la dimensión transnacional ha indicado el (dificultoso) desarrollo de normas para la defensa del ambiente, la igualdad de género y los derechos humanos. En las tantas OGI, de modo diferente, las organizaciones de la sociedad civil han encontrado canales de acceso a la *governance* transnacional.

Más en general, la misma difusión de la reflexión sobre la cualidad democrática, o mejor dicho, sobre las cualidades democráticas, da testimonio de la percepción de la necesidad de distinguir los diferentes componentes de la democracia.

Se puede, por lo tanto, concluir (por ahora) que los desafíos a la *démocratie de
élection* en la definición de Rosanvallon –o al componente populista de la democracia, como lo han definido Mény y Surel [2002]– producen oportunidades (al
menos discursivas) para otras cualidades democráticas: aquellas conectadas a la
concepción constitucional (a la *faculté de émpêcher* de Montesquieu), pero también a una concepción participativa de democracia; incluso a una concepción
discursiva de la democracia, como palabra antes que como conteo. En efecto, los
regímenes democráticos existentes han normalmente mitigado los principios
electorales y mayoritarios en la concepción minimalista, mezclándolos con
otros, procedentes de otras concepciones de democracia: asociativa, organizada,
directa, participativa, social, deliberativa, y hasta constitucional, con arenas dirigidas a la discusión, y no necesariamente legitimadas electoralmente.

Además, estos desafíos llevan –como quiero demostrar en lo que sigue– a ampliar la atención del Estado a las muchas arenas en las que se han desarrollado formas de democracia sobre principios diferentes. Efectivamente, las distintas concepciones se encuentran presentes, debatidas y analizadas, también en los
discursos y en las prácticas de los diversos actores, que las ven ciertamente en recíproca tensión, pero no necesariamente como mutuamente excluyentes.

Capítulo segundo

Democracia participativa: participación como cualidad

Algunas de las transformaciones-como-oportunidades, identificadas al final del capítulo anterior, tienden a favorecer el desarrollo de algunas cualidades democráticas específicas, que son centrales para otras concepciones de democracia con respecto a la liberal, de la que también se ha hablado en dicho capítulo. En particular, el crecimiento de variadas y múltiples formas de participación política no convencional refleja el desarrollo de concepciones de democracia participativa.

El tema de la participación es central para la política y para la democracia. El concepto mismo de política, al referirse en su raíz etimológica a la *pólis* griega, invoca una imagen de participación: en el *agorá* la intervención que da lugar a la elaboración de las decisiones se produce por medio del razonamiento. La así llamada "democracia" de los antiguos comprende, de hecho, este elemento de intervención directa. Sin embargo, a menudo se afirma que las "democracias de los modernos" tienen poco que ver con la *pólis* griega y que las primeras son predominantemente representativas.

Junto a la concepción liberal de la democracia, ha sobrevivido también otra concepción en las democracias contemporáneas, que subraya la necesidad de que los ciudadanos, naturalmente interesados en la política, asuman directamente la tarea de intervenir en las decisiones que conciernen a la cosa pública. Donde la democracia liberal prevé la constitución de un cuerpo de representantes especializados, la democracia participativa pone, en cambio, fuertes límites al principio de delegación, que es visto como instrumento de un poder oligárquico. Si la democracia liberal se basa en una igualdad formal –una cabeza, un voto– la democracia participativa destaca la necesidad de crear las condiciones para una igualdad real. Mientras la democracia liberal se presenta muchas veces burocratizada, con una centralización de las decisiones en el vértice, la democracia directa insiste sobre la necesidad de llevar las decisiones lo más cercano posible a la gente.

Si la tensión entre representación y participación siempre está presente en las concepciones de la democracia, con un neto predominio de la primera en la evolución concreta de las instituciones democráticas, un cierto nivel de participación es necesario, de cualquier modo, para legitimar a los representantes. La idea misma de la soberanía popular presupone la participación, que se ha desarrollado, precisamente, en Europa, a mitad del siglo XVIII, junto a un espacio público que ha permitido la interacción entre los ciudadanos y los representantes de las instituciones [Mayer y Perrineau 1992, 10]. Ésta se ha extendido, entonces, por las muchas etapas de ampliación del sufragio electoral, superando, aunque muy lentamente, las barreras censitarias y de género. Como ha observado Pietro Costa [2010, 9]:

> El centro propulsor de la democratización (su principal dispositivo retórico) es la igualdad, empleada como instrumento capaz de alumbrar las diferencias y denunciar la ilegitimidad de las barreras que fragmentan la sociedad nacional creando clases de ciudadanos recíprocamente ajenas. Y es el nexo participación-igualdad-derechos el que sigue sustentando las reivindicaciones democráticas en el curso del ochocientos [...]. Es en relación a esta perspectiva que son dirigidos los ataques contra los límites censitarios del sufragio, a los que la élite política y social y una parte consistente de la opinión pública oponen una tenaz resistencia.

La lucha por el sufragio universal es así, también y principalmente, lucha por el reconocimiento:

> [...] es oponerse a una concepción de ajenidad e invisibilidad social que golpeaba a la mayoría de la sociedad. Superar en nombre de la igualdad las discriminaciones existentes significa ser reconocidos como miembros de la sociedad a pleno título [*ibidem*, 13].

Las teorías de la democracia participativa además han criticado como no realistas a las concepciones liberales, que hablaban de ciudadanos libres e iguales, subrayando, en cambio, las asimetrías de poder que una igualdad sólo política no permite neutralizar. El Estado, influenciado por los poderosos, no sería, en efecto, capaz de garantizar una real libertad e igualdad. Para contrastar las desigualdades (y sus efectos deslegitimadores) aparecen demandas de una mayor transparencia en el funcionamiento de las instituciones públicas –representativas y no representativas– así como de una democratización de las instituciones sociales. El involucramiento de los ciudadanos tiene que ser continuo y directo, ampliándose en dirección a una capacidad de intervenir en todas las diversas áreas de la propia existencia cotidiana. Particularmente importante es considerada la democratización de los partidos y otras asociaciones, que median entre la sociedad y el Estado. Según Held [1997, 435]:

[...] si queremos que la democracia pueda hoy florecer es necesario repensarla como un fenómeno sobre dos vertientes que, por un lado, comprende la reforma del poder estatal y, por otro, la restructuración de la sociedad civil. El principio de autonomía puede sólo ser realizado si reconocemos que es indispensable un proceso de "doble democratización", es decir, de transformación independiente, tanto del Estado como de la sociedad civil.

La participación a todos los niveles, institucionales y no institucionales, se orienta a reequilibrar las desigualdades de poder, a las que la concepción liberal no somete, en cambio, a discusión. En esta visión, en efecto, si la democracia es desafiada por organizaciones poderosas, para que la misma pueda sobrevivir a tal desafío:

[...] es necesario que los grupos claves y las asociaciones económicas deban sufrir una rearticulación junto con las instituciones políticas, de modo tal que se conviertan en parte del proceso democrático. Esto es posible por medio de la adopción, al interior de su *modus operandi*, de principios, reglas y prácticas compatibles con la democracia [*ibidem*, 451].

Una cierta idea de participación, por su parte, ha sobrevivido también en los régimenes representativos. Aunque las democracias contemporáneas sean representativas, la participación (no sólo electoral) es considerada esencial para las democracias modernas, que no solamente obtienen legitimidad por medio del voto sino también por su capacidad de someter las decisiones a la "prueba de la discusión" [Manin 1992]. Como ha sugerido Pierre Rosanvallon [2006, 12]:

[...] la idea de la soberanía popular ha encontrado su expresión histórica en dos modos distintos. El primero ha sido el derecho a voto, es decir, el derecho de los ciudadanos a elegir a sus líderes. Esa fue la expresión más directa del principio democrático. Pero el poder de votar periódicamente, legitimando así el gobierno electo, es casi siempre acompañado por un deseo de ejercer una forma de control más permanente sobre el gobierno electo.

Si en la evolución histórica del discurso sobre las democracias reales la *accountability* electoral ha sido privilegiada, hoy los desafíos a la democracia representativa reconducen la atención a las dimensiones participativas y deliberativas de las democracias (incluso de las democracias realmente existentes). Los diferentes elementos de aquello que Rosanvallon define como contrademocracia no representan, de hecho, "lo opuesto de la democracia, sino, en cambio, una forma de democracia que refuerza la tradicional democracia electoral, una democracia de poderes diseminados en la sociedad". Si la desconfianza es la enfermedad, ella también puede ser parte de la cura como "un surtido complejo de medidas prácticas, *checks and balances* y contrapoderes sociales, tanto informales como institucionales, que se han desarrollado para compensar la erosión de la confianza, y que lo hacen organizando la desconfianza" [*ibidem*, 4].

Así como Rosanvallon, también otros estudiosos han subrayado, al mismo tiempo, la crisis de la democracia liberal, y el *revival* de otras concepciones democráticas, a menudo reunidas en la fórmula de la "democracia de los antiguos". Entre ellos, Bernard Manin [2010] ha descrito la decadencia de la democracia de partidos y el surgimiento en su lugar de una democracia del público. En el pasado, la participación se desarrollaba sobre todo en el partido político, donde la referencia a valores comunes permitía la formación de las identidades colectivas: los partidos "sin bases" tienen hoy cada vez mayores dificultades para cumplir este rol.

Efectivamente, liberados del control ideológico, los canales de formación de la opinión pública ganan grados de libertad con respecto a los partidos. Sobre diferentes temáticas, el debate surge y se expande por fuera de los partidos:

> Los individuos pueden tener opiniones diferentes sobre cierto tema (por ejemplo, algunos están a favor, otros en contra). Una fractura se forma entonces en la opinión pública a propósito del tema en cuestión [...] pero esta fractura no reproduce necesariamente la división partisana entre los que votan habitualmente por un partido y los que votan por otro. La fractura se forma a partir de las preferencias de los individuos sobre un objeto específico, no a partir de sus preferencias políticas partisanas. La fractura de la opinión pública sobre diferentes temas puede no coincidir con la línea de división establecida al momento del voto [*ibidem*].

De ello se desprende que las divisiones en la opinión pública ya no reflejan las preferencias de un electorado, desarrollándose, en cambio, por fuera de los partidos. En las "postdemocracias" la creación continua de nuevas identidades sociales, así como su movilización alrededor de reivindicaciones emergentes, son percibidas como desafíos al "mundo oficial de la política" [Crouch 2003, 131].

En la teoría política, los partidarios de la democracia participativa han subrayado la importancia del involucramiento de los ciudadanos más allá del momento electoral [Arnstein 1969; Pateman 1970; Barber 2004]. En síntesis, los teóricos de la democracia participativa –a quienes David Held define como teóricos de la "Nueva Izquierda"– promueven una "participación directa de los ciudadanos en la reglamentación de las instituciones clave de la sociedad, incluso la esfera del trabajo y de la comunidad local" [Held 1997, 379], es decir, "la participación de los ciudadanos en la determinación de las condiciones de su vida en común (que presupone la naturaleza auténtica y pragmática de los juicios de cada individuo)" [*ibidem*, 416].

En la teoría participativa de Pateman [1970], a los ciudadanos se les deberían ofrecer tantas oportunidades de participar como esferas de decisiones públicas existen. La "participación" se refiere al involucramiento en la producción de las decisiones y "la igualdad política" a la igualdad de poder para determinar el resultado de las decisiones. Mientras en la participación *parcial*, "el poder decisional final queda en las manos de quien manda, y los trabajadores si están en condiciones de participar, sólo serán capaces de influenciar tal decisión" [*ibidem*, 70], la participación *plena* es un "proceso en el que cada miembro individual de un órgano decisional tiene igual poder para determinar el resultado de las decisiones" [*ibidem*, 70-71].

En efecto, la plena participación tiene como objetivo reequilibrar las desigualdades. Como Arnstein enfatiza [1969, 216], "la participación de los ciudadanos es una categoría del poder de los ciudadanos". Su objetivo tiene que ser la redistribución del poder (en términos de información, recursos e influencia sobre las decisiones). En relación a las capacidades decisionales de una arena participativa, son enumerados ocho peldaños correspondientes a ocho grados de poder: manipulación, terapia, información, consulta, conciliación, partenariado, poder delegado, y control ciudadano. Los primeros dos peldaños desde abajo son equivalentes a la no-participación; los tres siguientes son grados de inclusión simbólica; y los tres peldaños superiores son grados de poder de los ciudadanos. La participación sólo es real si lleva a una redistribución de los recursos para ventaja de quien tiene menos. Eso significa que "hay una diferencia central entre experimentar el vacío ritual de la participación y tener el poder real necesario para influenciar los resultados del proceso" [*ibidem*].

Entre las contribuciones instrumentalmente positivas de la participación son enumeradas la defensa frente a la arbitrariedad, la producción de decisiones más informadas, el crecimiento de la legitimidad de las decisiones mismas [Smith 2009, 5]. Pero las ventajas de la participación son vistas no sólo en términos de legitimación inmediata, sino también de una creciente socialización del interés y de la acción para el bien de la colectividad. La participación tendría un efecto positivo sobre los ciudadanos. Los lugares de participación se convierten en "escuelas de democracia": más son los ciudadanos que participan en los procesos decisionales, más informados e iluminados se tornan, más votarán en las elecciones nacionales [Pateman 1970]. Una ciudadanía activa, consciente e informada, aumentaría incluso la eficacia y el bienestar individual y colectivo.

La participación iniciaría entonces un círculo virtuoso: las oportunidades de participar estimulan la confianza y el activismo, reproduciendo, de este modo, el estímulo de participar y mejorando los efectos de la participación misma. Efectivamente:

La actividad cívica educa a los individuos con respecto al modo de pensar en público, como ciudadanos, dado que la ciudadanía permea la actividad cívica con el sentido necesario de publicidad y justicia. La política se convierte en su propia universidad, la ciudadanía su campo de entrenamiento, la participación su maestro [Barber 2004, 152].

Free spaces (horizontales y participativos) ofrecen una "escuela de ciudadanía —es decir, en aquellas competencias y valores que son esenciales para sustentar una efectiva participación" [Evans y Boyte 1986, 17].

De modo similar, en lo que hace a la participación en el ámbito de los movimientos sociales y otras asociaciones, a menudo implica una ampliación de la identidad personal de los participantes y ofrece satisfacción y realización de sí. Las identidades y motivaciones se transforman, de hecho, en acción:

Casi todos aquellos que participan en movimientos sociales han llegado a ser activos por razones acotadas, inmediatas –si se quiere, egoístas. Muchos, ciertamente, no han cambiado; testimonios del movimiento sugieren, sin embargo, que muchos otros han salido de aquella experiencia con una conciencia política y social más desarrollada y con un sentido diferente de sí, más público y confiado. Algunos, algunos centenares, han sido transformados totalmente [Szas 1995, 154].

Motivaciones similares han sido relevadas en el caso de las instituciones descentralizadas. Como Tocqueville ha escrito en 1835, "las instituciones municipales son a la libertad lo que las escuelas primarias a la ciencia; ellas son las que la ponen al alcance del pueblo; le hacen gustar de su uso pacífico y lo habitúan a servirse de ella" [Tocqueville 2007].

Es del encuentro que nace la solidaridad: "Las ideas y los sentimientos no se renuevan, el corazón no se engrandece ni el espíritu humano se desarrolla, sino por la acción recíproca de unos hombres sobre otros." [*ibidem*].

También según J.S. Mill son las instituciones locales las que deben cumplir la:

[...] parte práctica de la educación de los ciudadanos, haciéndolos salir del círculo del egoísmo personal y familiar, y habituándolos a la comprensión de los intereses comunes, y de las preocupaciones comunes –acostumbrándolos a actuar sobre la base de motivos públicos o semipúblicos, y a orientar la propia conducta a fines que los unan antes que los aíslen a los unos de los otros [Mill 1947, 112].

En este sentido, es participando que las personas aprenden a participar. Como escribe Carol Pateman [1970, 42-43]:

> [...] la principal función de la participación es [...] educativa, educativa en el sentido más amplio del término, que incluye tanto los aspectos psicológicos como los de la adquisición de una práctica por medio de las capacidades y procedimientos democráticos [...]. La participación desarrolla y forja sus necesarias y propias cualidades: cuanto más un individuo participa, más es capaz de participar.

La necesidad de abrir múltiples y variados canales de participación es justificada por el reconocimiento de la presencia de conflictos entre actores dotados de distintos recursos y poder. Tal como Bachrach y Baratz han observado [1986], los diversos actores en conflicto tienen un poder diferencial. Los actores dominantes pueden realizar una movilización del prejuicio, excluyendo del debate público algunas ideas y demandas a través de la activación de un conjunto de normas, valores y reglas que impiden que algunas temáticas lleguen a ser objeto de decisión. Una parte de las actividades del ejercicio del poder está orientada, pues, a imponer y reforzar esta selectividad (o "prejuicio"), impidiendo que surjan controversias sobre las cuestiones de importancia fundamental para el grupo al poder. Las decisiones se toman, entonces, sobre temas escasamente relevantes, mientras que las no-decisiones son las que conciernen a los conflictos más importantes.

En esta visión, la participación es un instrumento para redistribuir recursos que den ventajas a los más débiles. Para Peter Bachrach [1975, 41], la participación democrática es:

> [...] un proceso en el que las personas formulan, discuten y deciden sobre problemas públicos que son importantes para ellos y que tienen que ver directamente con sus vidas. Es un proceso más o menos continuo, llevado a cabo sobre la base de relaciones cara-a-cara, en el que los participantes tienen una voz aproximadamente igual en todas las fases, de la formulación de los problemas a la determinación de las políticas.

La participación de los excluidos es un instrumento para reducir las injusticias, dado que un público democrático "debería ofrecer los mecanismos para un efectivo reconocimiento y representación de las voces y las distintas perspectivas de los grupos constitutivos que son oprimidos y desfavorecidos" [Young 1990, 184].

Desde este punto de vista, los enfoques de la democracia participativa tienden a subrayar también la dimensión sustantiva, social, de la democracia misma. Una "buena democracia" debería no sólo respetar las libertades individuales, sino también perseguir el segundo ideal democrático: la igualdad. Como Leonardo Morlino ha señalado [2011, 2-22]:

Si estos aspectos, que son esenciales para alcanzar libertad e igualdad, deben ser perseguidos de modo eficaz, las democracias contemporáneas tendrán que ocuparse también de temas como la protección del ambiente, el derecho a la salud, la asistencia a los ancianos y discapacitados, el derecho al trabajo, la democracia, los subsidios para desocupados, la necesidad de asegurar a cada uno un estándar de vida razonable, el derecho a mejores oportunidades educativas y a la promoción de criterios de equidad también en las disputas privadas, o entre intereses públicos y privados. No incluir en un análisis de la democracia ideal la salvaguardia de los elementos sustantivos recién mencionados significaría, paradójicamente, ignorar los ya encaminados esfuerzos de parte de muchas democracias para promover la igualdad. También significaría desconocer que en el mundo actual la protección y la promoción de estos derechos sociales se han convertido en igual medida indispensables para la democracia como los principios de inclusión, participación, iguales derechos de voto, *accountability* y otros, y están, en efecto, con todos ellos estrechamente relacionados.

La concepción de democracia participativa también tiene elementos de similitud con la de *democracia asociativa* [Hirst 1994], que dirige su atención a la autoorganización de grupos de ciudadanos. Las experiencias asociativas en la sociedad civil no sólo se presentan como capaces de reemplazar el Estado en algunas de sus funciones, sino que también producen solidaridad social, contribuyendo tanto al crecimiento de la dimensión democrática de los ciudadanos como a la producción de bienes sociales.

La dimensión conflictiva también es subrayada en las concepciones de la *democracia radical* [Laclau y Mouffe 2001], que presenta a la democracia "agonística" como un modo pacífico de gestión de los conflictos entre intereses fundamentalmente contrapuestos. La dimensión agonística reconoce la relación conflictiva, pero al mismo tiempo legitima al otro:

> [...] mientras el antagonismo es una relación nosotros/ellos en la que las dos partes son enemigos que no comparten ninguna base común, el agonismo es una relación nosotros/ellos en la que las partes, incluso reconociendo que no hay ninguna solución racional a su conflicto, sin embargo, reconocen la legitimidad del opositor [...]. Esto significa que, aunque se encuentran en conflicto, se ven a sí mismas como pertenecientes a la misma asociación política, compartiendo un espacio simbólico en el que su conflicto se desarrolla [Mouffe 2005, 20].

Lo que, en esta visión, resulta compartido es:

> [...] la adhesión a los principios ético-políticos de la democracia liberal: libertad e igualdad. Pero hay un desacuerdo con respecto al significado e implementación de aquellos principios, y este desacuerdo no puede ser solucionado por la deliberación y la discusión racional [Mouffe 2000, 245].

En estas perspectivas, sin embargo, la formación de las identidades colectivas permanece por fuera del proceso democrático. Esto es expresado, en particular, en la concepción de la democracia radical. La afirmación de una necesidad de articulación de intereses, como práctica que establece una relación entre diversos elementos, no lleva a un análisis del modo en que esta articulación puede darse [Laclau y Mouffe 2001, 105]. Por otro lado, se destaca la separación entre instituciones políticas y sociedad. La democracia radical es plural en el sentido que incluye la "batalla por un máximo de autonomización de las esferas sobre la base de una generalización de la lógica equivalente-igualitaria" [*ibidem*, 147]. Así, para Chantal Mouffe [2005, 360], lo político es "la dimensión de los antagonismos que, creo yo, constituyen la sociedad humana", mientras la política es "el conjunto de prácticas e instituciones a través de las cuales un orden es creado, y la coexistencia humana organizada en un contexto de conflictividad". Las identidades colectivas, en cambio, no son construidas por procesos políticos democráticos y la función de la democracia es la de:

> [...] ofrecer instituciones que les permitirán tomar una forma agonística, en la que los opositores se tratarán entre sí no como enemigos a ser destruidos, sino como adversarios que combatirán por la victoria de sus posiciones, pero reconociendo el derecho de sus opositores de batirse por las propias [Mouffe 2000; cfr. también Cini 2010, 229].

El desarrollo histórico de la concepción participativa

Esta visión de la democracia participativa se ha desarrollado históricamente junto a la movilización de movimientos sociales, sobre todo junto al movimiento obrero, llevando a transformaciones relevantes incluso en la configuración misma del Estado democrático.

Las fases iniciales del Estado democrático han sido definidas como caracterizadas por un gran activismo en la esfera pública, que mantenía autonomía respecto de los partidos políticos. En una primera fase de las democracias liberales, que Bernard Manin [2010] ha definido como *parlamentarismo*, los candidatos eran elegidos sobre la base de la confianza personal, ligada a su red de relaciones locales y a su notoriedad. En la sociedad, movimientos de opinión se organizaban sobre varios temas, y hacían luego presión, a menudo también por medio de manifestaciones públicas, frente al parlamento, concebido como el lugar donde los representantes formaban sus opiniones a través de una discusión abierta. En este período –que va, en la historia de Inglaterra y Francia, de fines del siglo XVIII hasta los inicios del siglo siguiente– es qué se afirmó la esfera pública como lugar de participación y formación de identidades colectivas.

En esta fase, la responsabilidad electoral era necesariamente limitada, ya que el sufragio electoral era aún muy restringido. A pesar del bajo grado de participación electoral, la participación en la esfera pública era, en cambio, intensa; se multiplicaban movimientos de opinión autónomos e influyentes. A mitad del siglo XVIII, en Inglaterra la opinión pública:

> [...] se manifiesta en peticiones cada vez más numerosas, en discusiones en lugares públicos, o en lugares semiprivados (tabernas, cafés, clubs) donde se reúne la nueva clase media de comerciantes y profesionales, lectora de publicaciones periódicas [...]. Se forman numerosas sociedades y asociaciones varias [...] la prensa política se difunde entonces de maneras hasta ese momento inimaginables [Pizzorno 1996, 972].[3]

En el análisis de Habermas sobre la formación de la opinión pública, los conflictos sociales, que emergieron por fuera de los partidos, se expresaron en una esfera pública *burguesa*, que "se desarrolla en el campo de tensión entre Estado y sociedad, pero de modo tal que continúa formando parte del ámbito privado" [Habermas 1988, 171]. El concepto de esfera pública nace con la posibilidad –que surge con la edad moderna– de distinguir entre lo público, es decir, lo ligado al Estado, y lo privado, es decir, lo excluido del ámbito de intervención estatal. El nacimiento de la esfera pública coincidió con la reivindicación, por parte de los súbditos instruidos, de un papel activo en el control de las decisiones que los afectaban. En este sentido, en el curso del siglo XVIII, se afirmó la noción de opinión pública, conectada a la de publicidad. Específico de esta esfera pública fue el instrumento utilizado para el enfrentamiento político: la argumentación pública y racional. Los cafés, los salones, las sociedades de lectura, las logias masónicas eran los lugares sociales donde se forjaba esta esfera pública y se entrenaba el gusto por la argumentación. Desde y en estos lugares se desarrollaron luego las instituciones que llevaron a ampliar físicamente el espacio del público –en primer lugar, la prensa, pero también la realización de encuentros públicos y la formación de asociaciones varias–. Después de las revoluciones francesa y estadounidense, el periodismo, liberado de la censura de los regímenes absolutistas, se tornará instrumento de una discusión amplia, aunque ciertamente limitada a una élite.

En la reconstrucción histórica de Habermas, la burguesía comercial asumió poco a poco una posición hegemónica en la sociedad civil. El capitalismo financie-

---

[3] En la segunda mitad del siglo XVIII, en Inglaterra hubo peticiones con hasta 250.000 firmas [Tilly 1995, 173]; en la década de 1830, fue registrada una media de más de treinta hechos de protesta por mes; cientos de nuevas asociaciones se formaron entre 1830 y 1832 para reclamar una reforma del sistema parlamentario.

ro y comercial necesitaba una circulación internacional tanto de las mercancías como de las noticias, creando, a su vez, una clase social interesada en influenciar la acción del gobierno [*ibidem*, 37]. Según la investigación sobre movimientos sociales, y no sólo en este caso, sin embargo, la esfera pública en esta fase no es solamente burguesa, en el sentido de limitada a la élite de los cafés literarios. En el período en que según Thompson [1969] se asiste a la construcción de la clase trabajadora inglesa, manifestaciones de protesta movilizaban cientos de miles de ciudadanos en reclamo de pedidos de reforma, mientras que algunas de las revistas radicales alcanzaban tiradas de varias decenas de millares de copias. En Francia así como en Inglaterra, asociaciones políticas extraparlamentarias recogían cientos de miles de firmas a través de peticiones sobre temas como la libertad de prensa, la emancipación de los esclavos, la libertad religiosa, la reforma electoral, la instrucción pública [Pizzorno 996, 488-489]. Cientos de miles de personas participaban en las marchas y, a veces, en los cortes de calles.

Dejando de lado el debate de los historiadores sobre la interpretación de estos conflictos en relación a si fueron motivados por una conciencia de clase en formación o por residuales identidades comunitarias y de oficios [Calhoun 1982], es posible afirmar que las organizaciones de movimientos sociales, con escasas ligazones con los partidos políticos, ocuparon un espacio importante en la esfera pública.

En los orígenes de la democracia está, en efecto, aquello que Bendix ha llamado "la entrada de las masas en la historia":

El siglo XVIII representa una ruptura de grandes dimensiones en la historia de la Europa occidental. Con anterioridad a ese momento, las masas eran excluidas del ejercicio de los derechos públicos.
Desde entonces, han llegado a ser ciudadanos y, en este sentido, miembros de la comunidad política [Bendix 1964, 72].

A diferencia de la escuela marxista, Bendix ha subrayado el carácter ante todo político de los movimientos desarrollados en Europa durante el siglo pasado:

[...] la creciente conciencia de la clase obrera expresa sobre todo una experiencia de alienación política, es decir, el sentido de no tener una posición reconocida en la comunidad política o de no tener una comunidad cívica de la que participar. [....] las masas recientemente politizadas se declaran contra su ciudadanía de segunda clase, exigiendo el derecho a participar en términos de igualdad en la comunidad política del Estado-nación [*ibidem*, 73].

En esta fase se da tanto una participación popular a través de formas no convencionales como una politización de esta participación. Entre fines del siglo XVIII e inicios del XIX creció la importancia de manifestaciones y huelgas. Los trabajadores formaron asociaciones, concentradas en la defensa del salario y de las condiciones de trabajo, pero también aliadas de movimientos políticos. En Francia, nacieron periódicos escritos por trabajadores y para los trabajadores, que denunciaban la parcialidad de la prensa burguesa (y de sus periodistas) [Sewell 1980, 197]. También en Inglaterra, *working class reading societies* y *political reading societies* se reunían en cafés populares, donde fueron adquiridos y leídos hasta noventa y seis periódicos, inclusive aquellos impresos ilegalmente [Thompson 1969, 789]. No sólo hubo entre los trabajadores ingleses, recuerda Thompson, cerca de un millón de alfabetizados, sino que además "el ser analfabeto no excluía para nada del discurso político" [*ibidem*, 782]. Se desarrollaron así numerosos y distintos *reading publics* [*ibidem*, 790].

Un elemento central en la concepción de democracia que aquí se desarrolló fue la *dimensión colectiva de los derechos* frente a una concepción liberal de libertad (de propiedad, de contrato, etcétera) puramente individuales. Si bien la esfera pública emergió en estos años, los actores que participaban de ella sólo en parte eran nuevos. Tanto en Francia como en Inglaterra, ha sido subrayada la continuidad entre las corporaciones de profesiones y el movimiento obrero en formación. En Francia, permanecieron activos *compagnonnages* y sociedades de socorros mutuos, versión posrevolucionaria de las viejas cofradías, transformadas luego en libres asociaciones. Los jefes de las *compagnonneries* mantuvieron su influencia para negociar con los empleadores, y decidir eventuales huelgas [Sewell 1980, 180]. El movimiento obrero inglés reflejó y mezcló las tradiciones de las sociedades secretas, pero también del sindicalismo (entonces ilegal), ambos vivaces entre 1790 y 1830 [Thompson 1969, 570]. Los representantes de las viejas profesiones tuvieron, además, un peso relevante en la esfera pública emergente [Calhoun 1982].

En la esfera pública, reivindicaciones sociales y políticas se entrelazaban con otras que pueden ser definidas como metademocráticas, dirigiéndose a las concepciones y condiciones mismas de la democracia. La batalla por la libertad de prensa permaneció como experiencia fundacional en la formación de la clase obrera inglesa. Los luditas fueron un movimiento de transición con una cierta mezcla de defensa del pasado, pero también de anticipación del futuro, elaborando además propuestas específicas contra la explotación de mujeres y niños, por un salario mínimo y por el derecho a formar sindicados [Thompson 1969, 603]. Las demandas de reformas políticas de los cartistas (como elecciones por sufragio universal y secreto, abolición de los límites sobre el electorado pasivo, salario para los miembros del parlamento) eran sostenidas por organizaciones de trabajadores [Tilly 2004, 46]. En 1848 en Francia corporaciones de profesiones y clubes políticos marcharon juntos por reformas políticas y sociales. Lo mismo ya había ocurrido en Inglaterra en las primeras décadas del siglo XIX, con frecuentes interacciones entre luditas y constitucionalistas.

De tal modo, los movimientos sociales que se formaron en la esfera pública no discutieron sólo reformas específicas, sino que también constituyeron arenas de confrontación entre diferentes concepciones de democracia que desafiaban de manera explícita a la visión liberal del Estado democrático.

La reivindicación del derecho *to combine* nació con el derecho a asociarse, pero se distinguió de éste [Bendix 1964]. Desde este punto de vista, la democracia liberal ofreció involuntariamente recursos relacionales y cognitivos para su propia transformación. Si bien la hegemonía del discurso sobre los derechos individuales con respecto al del orden colectivo obstaculizó inicialmente la organización de los trabajadores, sin embargo, se desarrolló una concepción alternativa de democracia.

En Inglaterra, fue justamente la resistencia contra la represión y los límites a la libertad de asociarse lo que llevó a una alianza entre clubes radicales y sindicatos [*ibidem*, 675], con la emergencia de un radicalismo popular y de sindicatos militantes. Si bien los *Combination Acts* reflejaban la alianza de los aristócratas contra los radicales y de los *manifacturers* contra los sindicatos, facilitaron, sin embargo, la alianza entre radicales y organizaciones de los trabajadores [*ibidem*, 217]. La represión de 1817-1819 contribuyó a la síntesis de demandas de reforma política pero también sindical, en una reacción que Thompson ha definido como principalmente determinada, en términos de iniciativa y carácter, por el asociacionismo de los trabajadores. La masacre de Peterloo (once manifestantes asesinados en 1819), al llevar a cientos de miles de manifestantes a las calles, determinó, justamente, una polarización de la opinión pública ("nadie pudo permanecer neutral" [Thompson 1969, 757]), y trajo, como consecuencia, alianzas entre moderados y radicales por los derechos civiles y políticos. En efecto, si el lenguaje liberal de los derechos los definía como derechos naturales del hombre libre, "fue principalmente por medio del prisma de sus derechos en cuanto ciudadanos que los trabajadores comenzaron a descubrir y a articular sus intereses" [Somers 2008, 13, 152].

También en Francia, si bien desde la revolución de 1789 emergen una serie de leyes que daban ventajas a los propietarios sobre la base de un individualismo competitivo, no obstante, algunos elementos ideológicos de la revolución fueron retomados por los trabajadores y sus asociaciones [Tilly 1995, 142]. En 1830, ya era bien visible la tensión entre la concepción iluminista de la libertad (según las autoridades, si los trabajadores tenían reclamos, debían presentarlos individualmente a las autoridades competentes) y las demandas de los trabajadores de reconocimiento de los sindicatos, con una creciente capacidad de adaptar creativamente, en función de sus demandas, la retórica de la Revolución Francesa (la burguesía entendida como nueva aristocracia; derecho de liberarse a sí mismos de la opresión). Si la libertad de asociarse con otros era parte de las libertades de conciencia, palabra, industria, credo religioso y prensa, la libertad de asociación, en cambio, no había sido subrayada por la revolución, que aspiró más que nada a abolir los cuerpos intermedios del viejo orden entre Estado y nación.

La libertad de asociación surgió, por lo tanto, como invención de los trabajadores, explotando la ambigüedad del discurso revolucionario; términos como fraternidad e igualdad fueron unidos a las demandas de negociación colectiva de los contratos laborales. En el naciente movimiento de los trabajadores, las asociaciones fueron pensadas como corporaciones de trabajadores, cooperativas, pero también como cofradías proletarias, con una función inicial de mutuo socorro, pero luego también de movilización contra la libertad entendida como aislamiento: la asociación era unión recíproca e inteligencia común [Sewell 1980, 216]. El trabajo era presentado como fundamento de soberanía y la organización del trabajo en las asociaciones como principio de orden social, y de república única e indivisible (como para los *sans-culottes*). El idioma de la asociación permitía, en efecto, redefinir las corporaciones de los trabajadores como sociedades libres y voluntarias, combinando lenguaje corporativo y revolucionario.

En estas campañas de protesta fueron conceptualizadas y practicadas otras concepciones de democracia: directa, horizontal, autogestionada. En la esfera pública, lo viejo y lo nuevo se entrelazaron: formas de asociacionismo tradicional (corporativas, etc.), se combinaban con aquellas otras emergentes. En Francia, la concepción de democracia que se desarrollaba en las movilizaciones de la clase obrera preveía cuerpos horizontales, autogestionados y coordinados. La sociedad era vista como una confederación unitaria de profesiones que se autogobernaban. En las asociaciones que eran democráticas por dentro, todas las decisiones debían ser tomadas por sufragio universal [*ibidem*, 264]. Con una mezcla de continuidad y discontinuidad, en las asociaciones de profesiones se extendieron términos "horizontales", tales como asociado en lugar de miembro, presidente o secretario en lugar de prior o capitán. Ya los *sans-culottes* imaginaban un ejercicio directo de la soberanía popular en nombre de una voluntad única del pueblo, reclamando publicidad de la acción política, unanimidad, igualdad [*ibidem*, 103].

A pesar de la derrota de las movilizaciones de trabajadores en junio de 1848, la Comisión de Luxemburgo (que había funcionado en 1848 como cámara de compensación entre intereses) se mantuvo como ejemplo de un intento de autorregulación contra el desorden del mercado. No al azar, en su *La guerra civil en Francia*, sobre la Comuna de París, "heraldo glorioso de una nueva 'sociedad'", Karl Marx [1973] admiraba el retorno de los principios de la democracia directa: "La Comuna estaba compuesta de consejeros municipales electos por sufragio universal en las distintas circunscripciones de París, responsables y revocables en cualquier momento" [en Held 1997, 203]. Todavía en la obra de Marx, en la imagen, apenas esbozada, de la sociedad comunista, el autogobierno se expresa a través de representantes electos con mandato vinculante y revocable en cualquier momento. Las tentativas de organizarse fuera del Estado considerado burgués fueron múltiples.

De modo parecido en Inglaterra, las asociaciones del movimiento radical se organizaron en "divisiones", que debían separarse, dando vida a nuevas unidades, una vez alcanzados los cuarenta y cinco miembros [Thompson 1969, 167]. Por cada división un delegado (con un vice sin derecho a voto) participaba de los encuentros semanales del comité general [*ibidem*]. El principio de pago por los servicios se introdujo con el objetivo de prevenir "the taking over of its affairs by men of means or leisure" ["que puedan hacerse cargo de sus asuntos hombres con medios o tiempo ocioso", *N. del T.*] [*ibidem*, 169]. En muchas *Corresponding Societies*, que se encontraban en casas privadas o tabernas, había una función de presidente de la sesión, que rotaba para cada encuentro. Influenciados por los sucesos franceses, los jacobinos ingleses retomarán el espíritu igualitario de los *sans-culottes* [*ibidem*, 171]. Predominantemente artesanos (pero también aprendices), los participantes de estos encuentros llevaban consigo, en efecto, el espíritu de mutualidad de aquella cultura [*ibidem*].

La concepción liberal individualista de democracia era, por lo tanto, cuestionada y, en parte, incumplida en la práctica, no sólo por la permanencia de visiones e instituciones del "viejo orden", sino también por la emergencia de visiones y prácticas diferentes. Además, si es que eran aceptadas demandas que se habían formado en la esfera pública (no sólo burguesas) así como resultaban ser reconocidas ciertas identidades, eso mismo no ocurría (solo o principalmente) por medio de los mecanismos de la responsabilidad electoral. En sus investigaciones sobre Francia e Inglaterra, Charles Tilly ha descrito una transformación en las formas de la acción colectiva, entre fines del siglo XVIII e inicios del siguiente, a través del pasaje de un repertorio localista y parroquial a uno nacional y autónomo, basado en asambleas públicas y asociaciones libres *ad hoc* entre portadores de intereses. Según Tilly, en el siglo XVIII, los ciudadanos, agrupados en cuerpos reconocidos (gremios, comunidades, sectas religiosas) ejercitaban derechos colectivos, protegidos por la ley, presentados por los representantes, escuchados por las autoridades [*ibidem*, 142]. El moderno repertorio que se desarrolló en el siglo siguiente estuvo conformado por formas de acción autónoma con respecto a las autoridades, con acciones visibles en lugares públicos y participación como miembros de asociaciones, con despliegue de programas y símbolos de pertenencia [*ibidem, 362*]. En Inglaterra, la concentración del capital y la proletarización transformaron la estructura de los intereses, la urbanización cambió el tejido de las relaciones, el crecimiento del Estado (ligado a los esfuerzos militares) politizó el conflicto. También los ciudadanos que no tenían derecho a voto seguían las elecciones y participaban de las campañas electorales [*ibidem*, 143]. Esta "para-parlamentarización" de la política, en efecto, hizo importantes las elecciones no sólo para los candidatos, sino también para sus clientelas [*ibidem*, 147]. La evolución en Francia fue similar donde los crecientes reclamos al Estado correspondieron a un proceso de centralización de las decisiones y a la nacionalización del poder político [Tilly 1986].

Tilly ha conectado la influencia de los movimientos sociales a las elecciones porque éstos indicaban la presencia de un apoyo de masas. Sin embargo, inicialmente, los partidos existentes eran bastante indiferentes a ellos –esto al menos hasta la emergencia de un movimiento en particular: el movimiento obrero–. Aun con alguna excepción (por ejemplo, candidatos que defendían las ideas de los radicales ingleses) los partidos seguían todavía siendo, en efecto, partidos de notables, basados en una *representación individual* [Neumann 1956]. En cuanto partidos de *patronazgo*, en la definición weberiana, su cometido era:

> [...] instalar su jefe en un cargo directivo para que él asigne luego los puestos estatales a su séquito, es decir, al aparato de los funcionarios y propagandistas del partido. Desprovistos de todo contenido de principios, agregan cada tanto a su programa, en competencia entre sí, aquellas demandas a las que atribuyen mayor fuerza propagandística entre los electores [Weber 1974, vol. II, 709].

Según Neumann, este partido:

[...] es típico de una sociedad con un campo político limitado y con un bajo grado de participación. Esta última se manifiesta, a los efectos partidarios, solamente en el voto, y la organización del partido (aunque existe) permanece inactiva en los períodos entre una elección y la otra. Su función principal es la elección de los representantes que, una vez electos, son investidos de un mandato pleno [Neumann 1956, 153][4].

El sistema de representación que se había desarrollado –con continuidad y discontinuidad con respecto del viejo orden– comenzó, sin embargo, ya desde el principio, a construir instituciones y prácticas de reconocimiento de identidades colectivas. A pesar de la retórica individualizante, el Estado democrático en construcción parece tener rasgos de democracia asociativa. Este Estado no sólo reconocía en los hechos la presencia de cuerpos intermedios entre individuo y Estado, sino que también era testigo de la presencia de diversas concepciones y prácticas de democracia al interior de estos cuerpos intermedios. En los hechos, por lo tanto, fue integrada una concepción de democracia asociativa que subrayaba una cierta participación directa, que en algunas versiones llegaba a ser autogestión.

El movimiento obrero ha sido, pues, un actor importante en la transformación de una concepción individualista liberal de la democracia en una democracia organizada. Si bien en la vulgata la izquierda ha privilegiado la igualdad y la derecha la libertad, en realidad la historia del movimiento obrero es la historia de reivindicaciones de derechos civiles y políticos, inextricablemente ligados a los derechos sociales. La relación entre luchas obreras y demandas de libertad aparece en forma continua en las reconstrucciones historiográficas sobre la evolución del movimiento obrero en el curso del siglo XIX –en Gran Bretaña, pero no sólo en ella–.

En Gran Bretaña, el cruce entre reivindicaciones de justicia y reivindicaciones de libertad parece, en las reconstrucciones históricas, evidente. El cartismo es presentado como un desarrollo del radicalismo del siglo XVIII, pero también como último foco de política revolucionaria de la clase obrera. A mitad del siglo XIX, la *Reform League* (65.000 miembros y 600 secciones, cien de ellas en Londres) tuvo un *membership* predominantemente compuesto de trabajadores [Hinton 1983, 11]. En tácita alianza con la más moderada *Reform Union*, la *League* organizaba grandes manifestaciones contra los límites al derecho a realizar asambleas políticas (en 1866, 150.000 manifestantes convergieron en el Hyde Park, desafiando un comunicado del gobierno), presionando al gobierno a conceder una am-

---

[4] Según Duverger ello también "corresponde igualmente muy a menudo a sistemas electorales restringidos, por lo menos en sus orígenes. Hoy lo encontramos en los partidos de derecha y centro" [Duverger 1953-54, 116].

pliación del sufragio. A mediados del siglo XIX se dieron, además, fuertes batallas por el reconocimiento de los derechos de los sindicatos (a quienes recién en 1855 les fue reconocido el derecho a registrarse, por medio del *Friendly Societies Act*). En efecto, es sólo en la década de 1870 que, como consecuencia del estallido de inscripciones, se define la cuestión del estado jurídico de los sindicatos – con, entre otras cosas, la exclusión de las disputas sobre el trabajo en la ley sobre la conspiración, la abolición de la encarcelación por rotura de contrato (utilizada hasta entonces contra los huelguistas), la introducción del derecho a piquete pacífico [*ibidem*, 22]. En los años ochenta del mismo siglo, la *Democratic Federation* continuó la movilización contra la represión en Irlanda, por la nacionalización de la tierra, y por una reforma democrática (en la línea *chartist*), con ulterior ampliación del sufragio. Demandas de derechos sociales, civiles y políticos se entrecruzaban en equilibrios cambiantes y complejos. Se ha observado, de hecho, que:

> [...] desafortunadamente, demasiado a menudo se asume que la política de la clase obrera pueda ser comprendida utilizando sencillamente categorías como "socialistas", "Lib-Lab", o "laboristas", para distinguir los componentes ideológicos del movimiento obrero. En realidad, la política de la clase obrera es mucho más compleja. Las personas habitualmente pasan de una de estas posiciones ideológicas a otra o, cosa aún más interesante, se comportan como si fueran completamente ignorantes con respecto a su existencia [Lawrence 1991, 83].

Se puede hablar, por lo tanto, de una influencia recíproca entre las organizaciones activas sobre temas de derechos políticos y aquellas otras sobre temas de reforma social. A diferencia del socialismo, el cartismo tuvo, sin embargo, una influencia sobre el laborismo: mientras normalmente se considera al Partido Liberal como heredero de las tradiciones radicales, éstas también eran fuertes en el laborismo y en las otras organizaciones de la clase obrera organizada [*ibidem*, 18], y en el período tardo victoriano el partido liberal fue visto con simpatía por muchos sindicalistas [por ejemplo, Spain 1991, 110]. El vocabulario constitucionalista se entrelazó entonces con el de la tradición jacobina [*ibidem*, 20 ss.]: de este modo, el movimiento cartista proclamó el derecho a defender con las armas la constitución, y sucesivamente también el derecho a resistir la tiranía, así como la ampliación del derecho de petición. En la década de 1870, el *Tichborn Movement* representó un anillo de conjunción entre el final del cartismo y el desarrollo del socialismo (y, por lo tanto, del laborismo en la década de 1890). En el curso del siglo, el constitucionalismo popular fue invocado, en efecto, en apoyo a las movilizaciones obreras:

Aquello con lo que se podía contar para movilizar la fuerza del radicalismo popular fue el repertorio de la acción constitucionalista –la petición masiva, la protesta a la Corona, la manifestación de masas y la agitación. No era sólo lo que podía ser dicho, sino también lo que podía ser hecho lo que dio fuerza constitucional, permitiendo que ocurrieran ciertas cosas, que se desarrollen ciertos dramas políticos [Epstein 1994, 11].

Esto ocurre sobre todo de manera defensiva, en particular en las movilizaciones contra las restricciones al derecho a reunirse en público y a la suspensión del *habeas corpus* (1817), así como contra el ataque de parte de los *Whig* –que participaban del gobierno– a los derechos sindicales, contra la represión en Irlanda y contra la nueva *Poor Law* y el *Rural Police Act* (en la década de 1830).

También en Francia intervinieron movimientos sociales en la esfera pública, llevando adelante demandas de justicia y libertad. Sewell escribe [1986, 63] que:

> [...] el otoño de 1833 fue testigo no sólo de la creación de un nuevo y potente sentimiento de conciencia de clase entre los artesanos que trabajaban en distintas profesiones, sino también los primeros pasos hacia la alianza política entre republicanismo radical y socialismo.

En particular, ha sido subrayado el papel en las huelgas de 1833 de la *Société des Droits de l'Homme* que, inicialmente republicana y burguesa, pronto devino predominantemente obrera.

No obstante la difusión de la ideología socialista, la demanda de libertad fue considerada como característica central de la conciencia obrera francesa. Al inicio del siglo XX, la identidad obrera, ligada a una extendida cultura popular, se caracterizaba por:

> [...] el sentimiento de ser trabajadores manuales, de ser explotados por empleadores que, en el imaginario popular, habían sustituido al feudalismo; un vivaz apego a la libertad, que estaba en la base del espíritu *sans-culotte* así como del sindicalismo de la acción directa; sospechas extremas hacia todas las formas de autoridad y hacia aquellos a los que se referían como "ellos", que van del Estado al lugar de trabajo, incluyendo también a los sindicatos, cada vez que los "pequeños líderes" se pasaban de sus funciones comportándose como grandes jefes [Perrot 1986, 105].

Aunque minoritaria, la crítica del voto (y de los *votards*), como instrumento individual, en contraste con la voluntad colectiva expresada en las asambleas, testimonia la presencia en el movimiento obrero de concepciones de democracia directa [*ibidem*, 109].

De modo parecido en Alemania, donde la represión de fin de siglo favorecerá la centralización de las luchas y de la representación obrera en el partido, el movimiento obrero nació y creció desde abajo:

> Aún más allá de las huelgas, las organizaciones autónomas de trabajadores y los colectivos de socorros mutuos le parecían a muchos un modo casi natural de protección contra las inseguridades de la economía de mercado y el poder de los empleadores [Kocka 1986, 338].

La *Verband Deutscher Arbeitervereine*, así como el partido, crecerán, sin embargo, como organizaciones paraguas de asociaciones de trabajadores, que habían desarrollado estrechas relaciones con liberales de izquierda y demócratas [*ibidem*, 345]. Será la derrota de las movilizaciones de 1848-1849 la que hará aquellas alianzas más difíciles, empujando hacia la creación de un fuerte pero aislado partido socialdemócrata.

Desde el punto de vista organizativo, se reflejaban cruces y tensión entre las luchas obreras y las concepciones de democracia, en oleadas frecuentes de críticas "desde abajo" al partido y a los sindicatos. Ya al final del siglo, en Alemania, la policía política registró, en los *Kneipen* de los trabajadores, quejas contra la frialdad del partido y el debilitamiento de su carácter obrero [Evans 1989, 246]. En Francia, en 1936, las ocupaciones de las fábricas mostraron cómo estas habían reemplazado la profesión como centro de la identidad, lo que implicó:

> [...] una relación completamente diferente no sólo con los instrumentos de trabajo sino también con respecto al espacio. Dispersos en relación a su residencia, los trabajadores fueron reunidos cotidianamente en las fábricas, que devino el lugar de su existencia colectiva; fragmentados con respecto a sus profesiones, ellos fueron reunidos en la empresa, que se tornó el lugar de su convergencia y, por lo tanto, al mismo tiempo, epicentro del movimiento obrero [Perrot 1986, 91].

En Gran Bretaña, si la explosión de las inscripciones a los sindicatos en la década de 1890 y las movilizaciones vinculadas a este fenómeno llevaron a la participación del *Labour Party* de las elecciones generales del 1892, la insatisfacción por la falta de una representación directa de los pobres fue acompañada por el desarrollo de ideas de acción revolucionaria directa.[5]

---

[5] En la Gran Bretaña victoriana, los motines por el pan se desarrollaron en momentos de malas cosechas, cuando los *Victorian poors*, todavía excluidos del voto, "parecían –tumultuosos, violentos, y no del todo ignorantes de sus intereses– en los encuentros electorales" [Hinton 1983, 17].

Efectivamente, muchas de las concepciones y prácticas de democracia participativa, como alternativas con respecto a las previstas por el Estado liberal, se desarrollan durante oleadas de protesta. Incluso, hubo en la Inglaterra de entre 1910 y 1914, un nuevo crecimiento de inscripciones al sindicato que siguió a las movilizaciones durante la depresión de 1908-1909. Huelgas espontáneas en el transporte llevaron a alianzas entre las diferentes organizaciones de trabajadores, con negociaciones que veían involucrase y solidarizarse a decenas de sindicatos de profesión, comprometidas a continuar tales tratativas hasta que las reivindicaciones de los distintos grupos hubieran sido acogidas. Las movilizaciones asumían además un carácter comunitario, con *boicots* a los productos de las fábricas en huelga, acciones de solidaridad de parte de otras categorías, recogidas de fondos. Las mujeres de los huelguistas a menudo marcharon en apoyo de sus maridos, con pancartas que rezaban "Nuestra pobreza es su peligro. Apóyenos". Mientras los manifestantes eran asesinados por la policía, se desarrollaban corrientes de sindicalismo que revindicaban la autonomía obrera, criticando a los sindicatos existentes como demasiado sectarios en su estructura, orientados al compromiso en la política y oligárquicos en su concepción de la representación [*ibidem*, 91]. Así, "en un período en que el *Labour Party* lograba obtener poco y estaba revuelto por el disenso interior, la explosión de los sindicatos ofreció una base para la renovación de la política socialista" [*ibidem*, 89]. También durante la guerra de 1914-1918, movilizaciones espontáneas vieron surgir alianzas de trabajadores especializados y no especializados. Las corrientes del sindicalismo autónomo tuvieron una vida precaria:

> Coordinado de modo laxo, fragmentado y sin un discurso teórico coherente, el sindicalismo no logró organizar a los líderes de base de la militancia industrial en una fuerza disciplinada capaz de conducir la lucha para una política revolucionaria [*ibidem*, 94].

Las movilizaciones empujaron, sin embargo, al laborismo a adoptar algunos objetivos socialistas. Incluso después de la guerra, la resistencia a que este partido, entonces al gobierno, dé un giro moderado, se expresó en las protestas del movimiento de desocupados (en particular, del *National Unemployment Workers Movement*). En 1920 y 1921 participaron de las *hunger marches* (marchas del hambre) también consejeros municipales del Partido Laborista, a menudo en conflicto con el gobierno nacional [*ibidem*, 134-135]. Los sindicatos expresaron su desilusión también con respecto al segundo gobierno (esta vez, de minoría) del Partido Laborista, en 1929. Justamente luego de aquellas presiones, en la década siguiente el laborismo resurgirá bajo el control de los sindicalistas, con declaraciones en las que se comprometían a desarrollar una legislación socialista cuando llegaran al gobierno. Surgirá, pues, en 1944, una oposición desde las bases contra la alianza con Churchill.

También hubo momentos de tensión e innovación en el curso de varias oleadas de huelgas, que fueron acompañadas de movilizaciones, asambleas y tomas. Según la fórmula de Thompson [1978, 299], "la formación de la clase sucede en la intersección de determinación y actividad autónoma: la clase obrera se hizo a sí misma, en la misma medida en que fue hecha". Fue en el curso de la huelga, de la acción, que se formó y reformó, en efecto, una conciencia obrera. En la reconstrucción de Michelle Perrot [1974], las huelgas que se extendieron en Francia al final del siglo XIX[6] fueron, de hecho, no sólo organizadas por los sindicatos, sino también por muchos comités locales, comprometiendo, obviamente, no sólo a los líderes sino también a los activistas de base, frecuentemente muy jóvenes. De este modo, la acción producía sentido de comunidad:

> La revuelta no es instintiva. Ella nace de la acción, de la comunidad en acción. La huelga, en este sentido, ofrece un importante momento propedéutico, un antídoto al aislamiento, al frío mortal en el que la división del trabajo echó a los trabajadores. Con sus jefes, sus asambleas, sus manifestaciones, su lenguaje, todo ello forma una comunidad de las aspiraciones rousseauniana, ansiosa de democracia directa, ávida de transparencia y de comunión [*ibidem*, 725].

En su dimensión cotidiana de fiesta y palabra, la huelga larga de este período (diez veces más larga, en promedio, de sus contemporáneas):

> [...] aunque se racionaliza en su forma y en sus objetivos, no es puramente funcional, sino experiencia, historia, acontecimiento. Sentida como una fuerza liberadora, capaz de romper la monotonía cotidiana y de oponerse al poder del patrón, cristaliza una contrasociedad efímera [...]. El carácter nostálgico de la huelga lleva en germen su propia posibilidad de volver a comenzar [*ibidem*, 725].

Mientras, pues, emergían y se fortalecían una concepción y una práctica participativa de democracia, la definición de esta última se extendió hasta incluir temáticas de igualdad social. En el primer período de desarrollo del capitalismo, la igualdad de los derechos civiles y políticos sancionados por el concepto de ciudadanía no fue considerada conflictiva con respecto a las desigualdades sociales

---

[6] Cuando, "más que cualquier otra, la huelga se confirma como principal forma de acción de la clase obrera" [Perrot, 1986, 106], con un crecimiento de cien huelgas aproximadamente en 1880 a mil en 1906.

68

producidas por el mercado, a pesar de que este últimas debilitasen el goce mismo de los derechos civiles y políticos. Según Marshall [1976]:

> Los derechos civiles ofrecieron poderes legales cuyo empleo estaba drásticamente limitado por los prejuicios de clase y por la falta de oportunidades económicas. Los derechos políticos otorgaban potencialmente un poder cuyo ejercicio requería experiencia, organización y un cambio en la concepción de las funciones de gobierno. Todo esto necesitó tiempo para desarrollarse. Los derechos sociales estaban en su mínimo histórico y desconectados de la construcción de la ciudadanía.

En el siglo XX, el crecimiento del bienestar económico, la extensión de la instrucción y el mismo uso de los derechos civiles y políticos cambiaron este equilibrio. Como ha observado, una vez más, Marshall:

> La integración social se expande de la esfera de los sentimientos y el patriotismo a la de la satisfacción material. Los componentes de una vida civilizada y culta, antes monopolio de los pocos, fueron puestos progresivamente al alcance de los muchos, que fueron animados a estrechar la mano hacia quienes entonces eran indiferentes a sus reivindicaciones. La disminución de la desigualdad reforzó las presiones para su abolición, al menos a propósito de los elementos esenciales del bienestar social. Estas aspiraciones han sido en parte admitidas, incorporando los derechos sociales en el *status* de la ciudadanía y creando así un derecho universal a una verdadera ganancia que no es proporcional al valor de mercado del demandante [*ibidem*, 28].

Los derechos sociales aparecen, por lo tanto, como condición irrenunciable para un goce real de los derechos políticos.

En los siglos XIX y XX han sido, pues, las "masas" de las que habla Bendix las que conquistaron los derechos a la ciudadanía, organizándose en partidos políticos, que contribuyeron, de tal modo, a su integración, y a transformar la concepción de democracia. Los partidos políticos de masa e ideológicos (según la definición weberiana) absorbieron en particular la tarea de socialización de la política:

> En el momento en el que el sufragio universal estaba acercándose, cuando a las nuevas masas de población, ajenas hasta entonces tanto a las nuevas ocupaciones industriales, como al proceso de urbanización, les había sido ofrecida la posibilidad de participación en la política y el voto, sucedía que, gracias a los partidos políticos, un proceso así de inusual y difícil había podido desarrollarse con suficiente tranquilidad en muchos países [Pizzorno 2010, xxii].

En particular, los partidos socialistas incluyeron a la clase obrera en el sistema, permitiendo la nacionalización de la sociedad:

[...] sobre todo, integrando a la clase obrera en los procedimientos del régimen representativo, "dándole voz" y, por lo tanto, haciéndola entrar en diálogo con los otros miembros del sistema político. Luego, contribuyendo con éxito a ampliar las atribuciones del Estado [Pizzorno 1996, 1023].

Eso fue posible gracias a la elaboración de aquellos que Pizzorno [201, xxv] define:

[...] fines a largo plazo, indetectables a menudo en las medidas a favor de intereses específicos, pero sí, en cambio, en los valores que se presentan como justos y predicables para la comunidad en su conjunto; alimentando así la esperanza de poder modificar, gracias a la actividad política, la sociedad, fundada en la idea escatológica de una posible igualdad entre todos los seres humanos.

Con respecto al Estado democrático, las "masas" ejercieron una presión constante para la ampliación de los derechos al disenso, más que un "control de civilidad." Como Keane ha observado [2004, 82], ya desde el nacimiento del movimiento contra la esclavitud a fines del siglo XVIII, se puede hablar de *civility politics*, es decir "iniciativas de ciudadanos organizados que tratan de asegurar que nadie se apropie o use arbitrariamente los medios de la violencia de Estado contra las sociedades civiles, dentro y fuera del país."

¿Una revolución participativa?

Volviendo a la definición de democracia liberal, se puede observar, pues, que ella no refleja más que algunos de los elementos presentes en las prácticas y en las concepciones de democracia que se despliegan, y contraponen, en el curso del desarrollo del Estado democrático. El momento electoral tiene aquí una función ciertamente relevante, pero no es el único ni el más importante momento de una democracia que se practica también en las estructuras asociativas, ligadas, aunque en parte también autónomas, a los circuitos de representación. Como el movimiento obrero en el pasado, también en la actualidad los movimientos sociales han sido arena de discusión y experimentación de diversas concepciones de democracia.

Los movimientos de protesta de fines de los años sesenta han sido ya interpretados como indicio de un alejamiento de los partidos por parte de los ciudadanos –cuanto menos de su incapacidad para representar nuevas líneas de conflicto– [Offe 1985]. A pesar de las obvias tensiones entre movimientos y partidos, sobre todo en el continente europeo, las relaciones con los partidos han continuado teniendo, en todo caso, durante mucho tiempo un papel central para los movimientos [Tarrow 1998; della Porta 1995]. En efecto, los movimientos sociales han tendido a aliarse más o menos estrechamente con los partidos, mientras que estos últimos han aspirado a cooptar los movimientos sociales, a absorber las identidades, a representarlas en las instituciones. Los movimientos sociales han sido extremadamente sensibles a las características de los partidos políticos de referencia: han privilegiado la acción en la sociedad, dejándoles a los partidos la tarea de llevar sus reivindicaciones a las instituciones; se han alineado sobre el eje político derecha-izquierda; han construido discursos compatibles con las ideologías de sus aliados; han adoptado estructuras organizativas descentralizadas y flexibles, predominantemente orientadas a la movilización de su base de referencia. Por su parte, los partidos no han sido impermeables a las presiones de los movimientos: de los laboristas en Gran Bretaña a los socialdemócratas alemanes, de los socialistas franceses a los comunistas italianos, los programas y la *membership* de la izquierda institucional han cambiado como consecuencia de las interacciones con los movimientos sociales. En general, allí donde la vieja izquierda parece haber estado más dispuesta a apoyar los movimientos, los regímenes de carácter exclusivista habían impedido, por largo tiempo, la moderación de los conflictos sobre el eje derecha-izquierda. Justamente la "doble militancia", en los años setenta, había facilitado el transvase de activistas y temas de los movimientos a los partidos [della Porta 1996].

La cualidad democrática de la participación se ha mantenido en el centro de las visiones y prácticas de los movimientos sociales. Los movimientos del 68 (o de los "años sesenta y ocho", como han sido definidos recientemente) han reivindicado una ampliación de los derechos civiles y de las formas de participación política. El *Free Speech Movement* de Berkeley ha influenciado los movimientos estudiantiles europeos, que también organizaron debates sobre la libertad de opinión tanto como sobre el "Estado de emergencia de la "democracia"" (en Alemania, por ejemplo). Osar más democracia era la palabra de orden que reflejaba la centralidad de un desafío "metapolítico". El discurso antiautoritario, central para los movimientos sociales de los años setenta y ochenta, se articulaba, de hecho, a través de reivindicaciones de "democracia desde abajo", de autogestión. Más allá de la ampliación de las formas de participación política, el movimiento estudiantil y aquellos otros que lo han seguido, (por empezar, el movimiento de mujeres), ha experimentado en su interior nuevas prácticas democráticas, consideradas como prefigurativas para la realización de relaciones no autoritarias.

También en relación a los así llamados nuevos movimientos sociales de los años setenta y ochenta se ha observado que ellos afirmarían la legitimidad –si no el predominio– de formas de democracia alternativas con respecto a la parlamentaria, criticando tanta a la democracia liberal como a la democracia "organizada" en partidos:

> La lucha de los movimientos de izquierda y libertarios recurre, de este modo, a un antiguo elemento de la teoría democrática, que promueve una organización del proceso de las decisiones colectivas alternativamente definido como democracia clásica, populista, comunitaria, fuerte, de base o directa, en contraposición a una práctica democrática, dentro de las democracias contemporáneas, definida como realista, liberal, elitista, republicana o representativa [Kitschelt 1993, 15].

Según esta interpretación, frente a una democracia liberal, basada en la delegación a los representantes, fiscalizables sólo en el momento electoral y plenamente legitimados para tomar decisiones entre una elección y la otra, los movimientos sociales tuvieron que promover la idea de que los ciudadanos, naturalmente interesados en la política, deben asumir directamente la tarea de intervenir en las decisiones políticas. La democracia participativa, respaldada por los movimientos, se oponía así al principio de la delegación, considerado instrumento de un poder oligárquico, limitándola a decisiones individuales y haciendo siempre revocables a los delegados. Si en la democracia liberal el instrumento principal que se encuentra en manos de los ciudadanos-electores es el voto, los movimientos sociales legitimaban todas aquellas formas no institucionales de presión sobre las decisiones, que han sido definidas como repertorios de protesta. La democracia de los consejos y la autogestión también fueron discutidos en los movimientos obreros de aquellos años.

Al menos en parte, estas concepciones han penetrado en el Estado democrático, por medio de reformas que han ampliado la participación, en las escuelas, en las fábricas y en los barrios, pero también a través de un reconocimiento político de las organizaciones de los movimientos y de los "derechos al disenso". Junto a las instituciones participativas, hubo además un crecimiento de la participación en formas institucionales y no institucionales. En una importante investigación comparada, realizada en los años setenta, sobre distintas democracias occidentales, Samuel Barnes y Max Kaase han observado que, con respecto a las leyes y decisiones consideradas injustas o ilegítimas, grupos cada vez más amplios de ciudadanos están dispuestos a recurrir a formas de acción caracterizadas por no ser convencionales: "En las sociedades industriales avanzadas las técnicas de acción política directa no llevan el estigma de la desviación. Ni tampoco son vistas como antisistema en su orientación" [Barnes *et al.* 1979, 157]. Por ejemplo, entre 1960 y 1974, el porcentaje de quienes contestan: "Acciones políticas no convencionales como manifestaciones" a la pregunta: "¿Qué puede hacer un ciudadano con respecto a una reglamentación local juzgada injusta o dañina?" creció en Gran Bretaña, Estados Unidos y la República Federal Alemana de menos del 1% a más del 7%.

La conclusión es que la creciente participación, aunque no convencional, no es un indicador de la caída de la legitimidad de las democracias liberales, en las que más bien se observa un crecimiento de la competencia política, en particular entre los jóvenes. Ella es en cambio expresión de una duradera ampliación de las potencialidades de intervención de los ciudadanos:

> Creemos –escriben los investigadores– que la reciente oleada ha ampliado el repertorio de acciones políticas de aquellos que la han experimentado, y nos esperamos que este repertorio ampliado de acción política forme parte del repertorio potencial de quienes han adquirido estos recursos [*ibidem*, 534].

En línea con estas previsiones, un proyecto de investigación comparada de grandes dimensiones –que ha utilizado datos procedentes de una gran cantidad de sondeos llevados adelante en distintos períodos históricos de numerosas democracias occidentales– ha subrayado que, al menos hasta 1990, la participación política en Europa occidental ha crecido considerablemente, con una reducción del porcentaje de personas completamente inactivas (del 85% en 1959 al 44% en 1990) y un crecimiento en paralelo de personas con alguna actividad política (del 15% en 1959 al 66% en 1990) [Topf 1995, 68]. Si la participación política de tipo tradicional ha permanecido estable, en cambio ha aumentado enormemente la participación no institucional. No sólo este crecimiento involucró a todos los países analizados, sino que, dentro de cada país en particular, se redujo la diferencia en las tasas de participación ligadas a género, edad y niveles educativos –de un modo tal como para hablar de una "revolución participativa" generalizada– [*ibidem*, 78].

También las investigaciones más recientes confirman que las formas de participación no convencional son complementarias, y no alternativas, con respecto a aquellas convencionales. Además, también en los años dos mil, investigaciones basadas en sondeos han subrayado repetidamente la decadencia de las formas convencionales de participación política [Putnam 2004] y un correspondiente aumento de las formas no convencionales [Torcal y Montero 2006]. En general, la investigación comparada ha indicado que, al principio del nuevo milenio, "los ciudadanos se han tornado más distantes de los partidos políticos, más críticos de las élites e instituciones políticas, y menos positivamente orientados con respecto a los gobiernos" [Dalton 2004, 46]. También en Italia se han difundido formas de participación no convencionales como firmar peticiones o participar en *boicots* y movilizaciones –a mediados de los años dos mil el porcentaje de ciudadanos que participaron en formas no convencionales fue del 37%, un porcentaje igual al de los ciudadanos que participan en formas convencionales [Lello 2007, 433; también Diamanti 2007]. Además, si los partidos pierden miembros y confianza, las asociaciones de voluntarios, en cambio, los ganan. También se ha reducido tendencialmente el número de personas que declaran no discutir nunca de política: en Italia bajó del 47% en 1981 al 32% en 2000 [Lello 2007, 416].

En conclusión, a nivel normativo, el concepto de democracia participativa ha indicado, con creciente éxito, la necesidad de hacer crecer las arenas abiertas a los ciudadanos. En concreto, las democracias realmente existentes se han desarrollado multiplicando los canales de participación, y ampliando los derechos civiles, políticos y sociales que han hecho esta participación posible. Esta evolución no ha sido ni lineal ni pacífica: los derechos de participación se han afirmado a través de varias oleadas de protesta, con fuertes resistencias y frecuentes retrocesos. Particularmente, la ampliación de los derechos de participación se ha reflejado en un crecimiento de las formas no convencionales de participación, pero también en una transformación de teorías y prácticas de la democracia. Con su énfasis sobre la igualdad, la democracia participativa ha mostrado efectivamente el crecimiento de las arenas de participación como instrumento de *empowerment* de los más débiles en un constante conflicto.

Capítulo tercero

Democracia deliberativa: entre representación y participación

Una crítica diferente a la concepción de democracia liberal ha provenido de los teóricos de la democracia deliberativa, que inicialmente, en una visión *liberal-deliberativa*, han reconocido la importancia del discurso. En las palabras de Barber [2004, 173], "en el corazón de una democracia fuerte hay un discurso", que está hecho de escucha, tanto como de palabra.

Lo que emerge como más innovador en la definición de la democracia deliberativa es la importancia concedida a la trasformación de las preferencias en el curso de un proceso discursivo orientado a la definición del bien público. En efecto, "la democracia deliberativa exige la transformación de las preferencias en el curso de las interacciones" [Dryzek 2000a, 79]. Es "un proceso por el que preferencias iniciales resultan transformadas en la medida en que se tienen en cuenta los puntos de vista de los otros" [Miller 1993, 75].

En este sentido, la democracia deliberativa se diferencia de las concepciones de democracia como agregación de preferencias (exógenas). Algunas reflexiones sobre la democracia deliberativa han prestado atención a las prácticas consensuales: las decisiones tienen que ser aprobables por parte de todos los participantes, en contraste con la democracia mayoritaria donde las decisiones son legitimadas por el voto.

Sobre todo, la democracia deliberativa pone énfasis en la razón: las personas son convencidas por la fuerza del mejor argumento. En particular, la deliberación se basa en flujos horizontales de comunicación, múltiples productores de contenidos, amplias ocasiones de interactividad, comparación sobre la base de argumentaciones razonadas y propensión a la escucha recíproca [Habermas 1996; 1997]. En este sentido, la democracia deliberativa es discursiva.

Los cambios en las preferencias en su orientación hacia el bien público, y considerando como fundamental la calidad del discurso, deberían ocurrir por un proceso comunicativo en el curso del cual son presentados los argumentos en apoyo a las correspondientes diferentes posiciones. En la teoría de la democracia deliberativa, el punto fundamental es que a través de la argumentación quienes participan de la deliberación se convencen recíprocamente y llegan a decisiones compartidas. En la democracia deliberativa las decisiones se basan en las razones; las personas son convencidas por la fuerza de los mejores argumentos. El debate está orientado a encontrar razones que puedan ser aprobadas [Ferejohn 2000]. Según Joshua Cohen [1989], una deliberación ideal aspira a alcanzar un consentimiento racional, fundado en razones que son capaces de persuadir a todos. En este modelo, "se delinean las identidades y los intereses de los ciudadanos de manera tal que contribuyan a la construcción pública del bien público" [*ibidem*, 18-19].

La deliberación es un tipo de comunicación "desapasionado, razonable, lógico" que incrementa el consentimiento [Dryzek 2000b, 64]. Desde el punto de vista normativo, han sido subrayados los efectos de moralización de una discusión pública que "anima a las personas a no limitarse a expresar opiniones por medio de sondeos o referéndum, sino a formarse tales opiniones a través de un debate público" [Miller 1993, 89]. Como Fung y Wright han destacado [2000], son necesarias estrategias de transformación de la democracia dirigidas a combatir la creciente inadecuación de las democracias liberales para comprometer a los ciudadanos, así como para la realización de políticas públicas orientada al bien común.

La deliberación debería hacer capaces a los individuos de abstraerse de la mera llamada de los intereses, de modo tal que la decisión revele el interés general [Cohen 1989, 23-24]. Un *setting* deliberativo debería facilitar la búsqueda de un fin común [Elster 1998], puesto que, en público, una suerte de autocontrol democrático debería desanimar a los individuos a perseguir el propio interés egoísta [Miller 1993]. Efectivamente:

> [...] mientras yo puedo considerar mis preferencias como razones suficientes para hacer una propuesta, la deliberación en condiciones de pluralismo exige que encuentre razones que hagan mi propuesta aceptable por parte de otros, de quienes puedo esperar que no consideren el hecho de que esta preferencia sea mía como una razón suficiente para apoyarla [Cohen 1989, 33].

De hecho, es la obligación de dar una explicación pública sobre uno mismo y sus propias razones lo que nos "fuerza a proponer sólo aquellas razones que otros podrían plausiblemente estar dispuestos a compartir" [Goodin 2003, 63].

La democracia deliberativa es, pues, un medio para enfrentar las controversias: cuando los ciudadanos o sus representantes están moralmente en desacuerdo, deberían continuar razonando juntos hasta alcanzar decisiones mutualmente aceptables [Gutmann y Thompson 1996]. La deliberación (y la comunicación) se basan en la convicción de que, incluso no abandonando mi propia perspectiva, puedo aprender si escucho a los otros [Young 1996].

Las teorías deliberativas se han desarrollado a partir de la constatación de las dificultades del funcionamiento de las instituciones representativas. Elementos de democracia deliberativa han sido invocados como un modo para encauzar el apoyo de los "ciudadanos críticos" dentro de las instituciones democráticas, partiendo del supuesto que las democracias contemporáneas (a nivel local, nacional y supranacional) necesitan conjugar las arenas representativas con aquellas deliberativas.

Frente a los desafíos percibidos con relación a la democracia representativa, las virtudes de la democracia deliberativa incluyen, por un lado, la legitimación desde el lugar del *input* y, por otro, la eficacia desde el lugar del *output*: "Además de su contribución esencial a la democracia misma, la participación de los ciudadanos en los procesos de *policy* puede contribuir a legitimar el desarrollo y la implementación de políticas públicas" [Fischer 2003, 205].

Para Bernard Manin [1987, 351-352], la legitimidad de la decisión es el principal interés de la teoría deliberativa de la democracia: "Una decisión legítima es la que resulta de la deliberación de todos. Es el proceso a través del cual se forma la voluntad de cada uno que le confiere legitimidad a la primera". También para Seyla Benhabib [1996, 69], la deliberación "es una condición necesaria para obtener legitimidad [...] en relación a los procesos decisionales colectivos en una polity [...] en la medida en que lo que es considerado como interés común de todos es el resultado de un proceso de deliberación colectiva."

Para Amy Gutmann [1996, 344], asimismo, "el ejercicio legítimo de la autoridad política exige [...] un proceso decisional por medio de la deliberación entre ciudadanos libres e iguales." La deliberación, como tipo de comunicación "lógica, razonada, desapasionada", promete incrementar la confianza de los ciudadanos en las instituciones políticas [Dryzek 2000b, 64].

Por otro lado, la legitimidad debería facilitar la implementación de las decisiones, y la eficiencia debería aumentar gracias a las informaciones que los ciudadanos introducen en el proceso. En un círculo virtuoso, la deliberación debería mejorar la información de los ciudadanos y la capacidad del proceso público decisional.

La democracia deliberativa y participativa

Un cuarto modelo de democracia se ha desarrollado a partir de la crítica a la original concepción deliberativa, subrayando al mismo tiempo valores *deliberativos* y *participativos*. En lo que sigue serán discutidos diversos aspectos de la concepción liberal de democracia deliberativa.

En primer lugar, ha sido criticado el supuesto de una naturaleza exclusiva de la esfera pública, tal como es concebido en el análisis de Habermas. Como Nancy Fraser ha notado [1997, 75]:

> [...] no sólo hay siempre una pluralidad de públicos en recíproca competencia, sino que las relaciones entre públicos burgueses y otros públicos siempre son conflictivas. Ya desde el principio, contra-públicos han cuestionado las normas exclusivas de los públicos burgueses, elaborando estilos alternativos de comportamiento político y normas alternativas para el discurso público. A su vez, los públicos burgueses estigmatizaban estas alternativas y buscaban de modo deliberado impedir una participación más amplia.

Contrapúblicos subalternos (incluidos trabajadores, mujeres, minorías étnicas) han formado "arenas discursivas paralelas, donde se han desarrollado contradiscursos, permitiendo la formación y la redefinición de identidades, intereses y necesidades" [*ibidem*, 81].

En segundo lugar, y relacionado con esto, las teorías deliberativas liberales tienden hacia una distorsión institucional, dejando de considerar los experimentos de democracia que se desarrollan (también o sobre todo) al exterior de las instituciones públicas. Los estudiosos de la democracia deliberativa han estado en desacuerdo sobre el lugar de la discusión deliberativa, concentrándose algunos en el desarrollo de las instituciones liberales, otros en el desarrollo de esferas públicas alternativas, libres de la intervención del Estado [della Porta 2005b]. En la teoría de Jürgen Habermas [1996] se postula un proceso dual, con una deliberación "informal" extrainstitucional, capaz de influenciar las deliberaciones institucionales. En el análisis empírico, se le ha prestado atención sobre todo al funcionamiento de las arenas institucionales –de los parlamentos a los comités administrativos. Según otros autores, la deliberación ocurre, en cambio, principalmente dentro de grupos voluntarios [Cohen 1989], en particular dentro de movimientos sociales [Dryzek 2000b]. La deliberación se desarrolla en enclaves libres del poder institucional, y la democracia deliberativa requiere, en efecto, ciudadanos enraizados en retículos asociativos, capaces de construir habilidades democráticas entre sus adherentes. La deliberación dentro de contrapúblicos o enclaves de resistencia es central para los teóricos de las formas participativas de deliberación. Efectivamente:

> [...] las democracias también necesitan estimular y tener en alta consideración los enclaves deliberativos de resistencia donde los que pierden a causa de la coerción puedan reelaborar sus ideas y estrategias, recuperar las fuerzas y decidir, en un espacio más protegido, de qué manera y si continuar la batalla [Mansbridge 1996, 46-47].

Además, el rol de las razones (o de un correcto intercambio de opiniones) en la promoción de las mejores decisiones ha sido puesto en tela de juicio, destacándose, en cambio, la función positiva que podrían tener tanto las emociones como los "relatos de historias" en los encuentros públicos [Polletta 2006]. Distintas esferas públicas tienen, en efecto, distintas gramáticas. Las investigaciones históricas sobre la esfera pública burguesa no sólo excluyen las esferas públicas proletarias (o los contrapúblicos más en general), sino que el mismo estilo comunicativo normativamente apreciado por Habermas ha sido considerado por sus críticos como dirigido a reflejar normas elitistas. Allí, en efecto, la razón tiende a excluir a la pasión. No sólo el discurso, sino también la protesta forma parte de un proceso deliberativo: "Los procesos de participación comprometida y responsable incluyen manifestaciones en la plaza y *sit-in* [sentadas, *N. del T.*], música y caricaturas, al mismo nivel de los discursos parlamentarios o del correo de lectores" [Young 2003, 119].

El aspecto emotivo es importante en la creación de solidaridad por medio de la cercanía y el conocimiento mutuo. Como ha observado Hannah Arendt, un "pensamiento ampliado, que como juicio sabe transcender los propios límites individuales, no puede, por otra parte, funcionar en un estricto aislamiento, ni en soledad, sino que requiere la presencia de los otros 'en cuyo lugar' tiene que pensar" [Arendt 1991].

Para ir más allá del egoísmo individual hace falta, también según Iris Young, que las personas se encuentren:

> Hay otra vía por medio de la que el sujeto va más allá del egoísmo. Un "punto de vista moral" crece, no de la razón solitaria autolegislativa, sino del encuentro concreto con los otros, que demandan que las propias necesidades, deseos y perspectivas sean reconocidas [Young 1990, 106].

Aún más importante, las desigualdades sociales reducen la capacidad de los grupos oprimidos para aprender las reglas del juego, puesto que la opresión:

[...] consiste en procesos institucionales sistemáticos que impiden a algunas personas aprender y usar de modo amplio y satisfactorio ciertas capacidades en arenas socialmente reconocidas, o que inhiben la capacidad de las personas para interactuar y comunicarse con los otros o de expresar sus sentimientos y sus ideas sobre la vida social en contextos en que los demás puedan escucharlos [Young 2000, 156].

A la democracia deliberativa, en su versión original, se le imputa el hecho de favorecer, al menos potencialmente, las desigualdades:

Cuando quienes deliberan eligen siempre no considerar algunos argumentos, cuando esta falta de atención está sistemáticamente asociada con los argumentos elaborados por quienes sabemos se encuentran sistemáticamente en desventaja, entonces debemos al menos reconsiderar nuestras suposiciones sobre el potencial democrático de la deliberación. La deliberación no sólo requiere igualdad en los recursos y la garantía de articular argumentos en modo persuasivo, sino también igualdad en la "autoridad epistemológica", en la capacidad para dar lugar al reconocimiento del propio argumento [Sanders 1997, 349].

En cuarto lugar, y de un modo más fundamental, la democracia, en su versión original, asume que siempre se puede llegar al consenso a través del diálogo, excluyendo así conflictos fundamentales, que son, en cambio, una parte integral del desarrollo democrático. El énfasis puesto en el consenso ha sido criticado en la medida en que oscurecería los conflictos sustantivos e irreconciliables que se expresan en las arenas públicas. La teoría deliberativa clásica es, por tanto, acusada de no responder a una pregunta fundamental: "¿si la deliberación no lleva al consenso (una ocurrencia rara), cómo es necesario afrontar el conflicto?" [Smith 2009, 11]. Como se ha señalado Flyvbjerg [1998, 229]:

Con la pluralidad que debe contener un concepto contemporáneo de sociedad civil, el conflicto se convierte inevitablemente en parte de este mismo concepto. Así, sociedad civil no quiere decir sociedad "civilizada", es decir, con buenos modales. En las sociedades civiles fuertes, como resultado del conflicto político, la desconfianza y la crítica de la acción de las autoridades están omnipresentes.

Justamente, su tendencia a la selectividad hace que las esferas públicas sean conflictivas:

Si son suprimidos ciertos intereses, opiniones y perspectivas [...]; o si algunos grupos tienen, en efecto, dificultades para ser escuchados a causa de desigualdades estructurales, malentendidos culturales o prejuicios sociales, entonces, la agenda y los resultados de la política muy probablemente resultarán distorsionados o injustos. Por estas razones, la esfera pública constituirá un lugar de batallas, a menudo muy conflictivas [Young 2000, 178].

Esta crítica es afrontada particularmente por la concepción de la democracia radical basada en interacciones agonísticas (en lugar de antagónicas). Tal como ha escrito Chantal Mouffe [2000, 98], "asumir seriamente el pluralismo requiere que abandonemos el sueño de un consenso racional, que comporta la ilusión de que podemos escapar de nuestra naturaleza humana."

Así es que se ha desarrollado un concepto de democracia deliberativa-participativa. Se puede decir que hay democracia deliberativa y participativa cuando, en condiciones de igualdad, inclusión y transparencia, un proceso comunicativo –abierto a todos aquellos que están potencialmente interesados y basado en la razón (la fuerza del mejor argumento)– transforma las preferencias individuales, conduciendo a decisiones orientadas al bien público [della Porta 2005a]. Algunas dimensiones de esta definición (igualdad, inclusión y transparencia) se hacen eco de las incluidas en los modelos participativos típicos de los nuevos movimientos sociales; otras (sobre todo las vinculadas a la calidad de la comunicación) despuntan, en cambio, como criterios de deliberación.

La democracia deliberativa y participativa es, por tanto, inclusiva: exige que todos los ciudadanos afectados por los efectos de una decisión sean incluidos en el proceso y tengan la posibilidad de hacer oír su voz. Esto significa que la decisión tiene lugar en condiciones de pluralidad de valores, con diferentes opiniones respecto a la solución de los problemas comunes. Los participantes son, por su parte, ciudadanos libres e iguales [Cohen 1989, 20]. De hecho, "todos los ciudadanos deben ser capaces de desarrollar aquellas habilidades que den acceso efectivo a la esfera pública", y "una vez en público, debe garantizarse su respeto y otorgarles el reconocimiento suficiente para que puedan influir en una dirección favorable sobre las decisiones que les afectan" [Bohman 1997, 23-24]. Por lo tanto, la deliberación debe excluir el poder proveniente de la coerción, así como también el dar un peso desigual a los participantes en cuanto representantes de organizaciones de tamaño e influencia diferente. En este sentido, la concepción deliberativa y participativa de democracia se opone a las jerarquías y, en su lugar, pone de relieve la participación de las bases. Y, una vez más, la transparencia exigida en la esfera de la toma de decisiones resuena junto con las concepciones de democracia directa. En la definición de Joshua Cohen [1989 17], una democracia deliberativa es "una asociación cuyos asuntos se rigen por la deliberación pública de sus miembros."

El consenso es, sin embargo, posible sólo en presencia de valores (si no de intereses) compartidos y de un compromiso común en vistas a la construcción de un bien público. En un modelo deliberativo de democracia, "el debate resulta organizado en torno a concepciones alternativas del bien público" y, sobre todo,

"orienta identidades e intereses de los ciudadanos en direcciones que contribuyan a la construcción pública del bien público" [*ibidem*, 18-19].

Los experimentos deliberativos en las instituciones

También en este caso, las concepciones de democracia deliberativa, conjuga-
das asimismo con elementos participativos, tuvieron efectos sobre las instituciones de las democracias realmente existentes. Como ha observado Russell Dalton
[2004, 204], "las expectativas democráticas del público consideran prioritarias a
las reformas que van más allá de las formas tradicionales de representación política. Partidos más fuertes, elecciones más justas, sistemas electorales más representativos, mejoran el proceso democrático, pero estas reformas no responden a
las expectativas de que el proceso democrático sea ampliado de modo tal que
ofrezca nuevas oportunidades de acceso y control a los ciudadanos ". Esto significa dar a los ciudadanos la oportunidad de participar de diversa manera y en varios niveles. Otorgar poder real a los ciudadanos "significa diseñar procesos donde los ciudadanos saben que su participación tiene la potencialidad de tener un
impacto, donde está incluida una gama representativa de ciudadanos, y donde
hay resultados visibles" [Rey, Feltey y O'Neill Susel 1998, 318].

En la búsqueda de fuentes complementarias de legitimidad, que permitan
afrontar el reto de una responsabilidad electoral débil y de la erosión de la legitimidad a través de políticas eficientes, las instituciones públicas están experimentan-
do diversas formas de involucramiento de los ciudadanos en los procesos decisionales. Al inicio del nuevo milenio, el Libro Blanco sobre la *Governance* Europea
[Commission of the European Communities 2001] ha reconocido el principio de
participación a través de frecuentes consultas a los ciudadanos y a sus asociaciones.
Basándose en la Carta de los Derechos Fundamentales y en el contexto del debate
sobre el "Futuro de Europa", la Comisión Europea ha auspiciado la identificación
de modalidades para manejar de manera constructiva el cambio a través de un involucramiento más activo de los ciudadanos en el proceso decisional. En ese documento reza: "fracasar en esta meta podría incrementar el déficit de 'ciudadanía',
o incluso alentar la protesta" [*ibidem*, 10]. La experiencia de la Convención para la
elaboración de la Carta de los Derechos Fundamentales ha proporcionado ejemplos de un mayor involucramiento de la sociedad civil en el sistema de la UE.

La investigación sobre políticas públicas cooperativas, es decir, con participación obrera, ha observado si no un cambio de paradigma, al menos una experimentación de formas distintas de legitimidad a través de la incorporación de di-

ferentes puntos de vista. Las concepciones de gobierno con el pueblo, de las que ha hablado Vivien Schmidt [2006, 6] a propósito de la investigación por parte de la UE de una "tercera vía" de legitimidad, entre la (institucionalmente problemática) legitimidad de los *input* y la (empíricamente poco creíble) legitimidad de los *output*[7], resuenan en relación a las propuestas de democracia asociativa del debate sobre la *governance* económica y social [Hirst en 1994].

Se han desarrollado, desde una concepción de "gobierno con el pueblo", muchos experimentos institucionales con el objetivo de aumentar la participación de los ciudadanos, crear arenas comunicativas de alta calidad y dar poder a los propios ciudadanos. Una "Resolución del Comité de Ministros a los Estados miembros sobre la participación de los ciudadanos en la vida pública local" del Consejo Europeo [Council of Europe 2001] sugirió "inspirarse en la política de la presencia y dar importancia a la necesidad de asegurar el involucramiento de los ciudadanos que a menudo están ausentes del *decision-making*". El documento enumera parlamentos de jóvenes, foros para los ancianos, foros vecinales, procedimientos de codecisión, esquemas de partenariado y desarrollo de la comunidad, sitios web interactivos, jurados de ciudadanos y *consensus conferences* [conferencias de ciudadanos, *N. del T.*] como modalidades de participación directa que intentan crear las condiciones para una democracia más deliberativa (§ 41).

Las fórmulas adoptadas son, sin embargo, diferentes. En un estudio encargado por la OCDE, David Shand y Morten Arnberg [1996] han propuesto intervenciones sobre un *continuum* de participación que va de un mínimo de involucramiento al control a través de *referendum* regulares, con técnicas intermedias, tales como la consulta y el partenariado. Del mismo modo, Patrick Bishop y Glyn Davis [2002] han sugerido formas de consulta, partenariado y control. Las prácticas de consulta incluyen reuniones con grupos de interés, asambleas públicas, discusión de directrices, audiencias públicas; el partenariado comprende órganos consultivos, comités consultivos de ciudadanos, foros comunitarios de *policy*, indagaciones públicas; instrumentos de control son los *referendum*, los "parlamentos comunitarios", y los presupuestos participativos.

Dos tipos de instituciones se han experimentado: uno que sigue un modelo asambleario y de democracia directa; otro que, en cambio, se basa en la construcción de "minipúblicos, normalmente elegidos al azar" [Smith 2009].

---

[7] De acuerdo con Vivien Schmidt, "aquello en lo que se está convirtiendo la UE [...] no es un Estado-nación, sino, más bien, un Estado regional, ya que la soberanía compartida, las fronteras variables, las identidades compuestas, la *governance altamente compuesta*, y la democracia fragmentada provocan una ruptura entre el gobierno *para* y *del* pueblo a nivel nacional y la *governance para* y *con* el pueblo a nivel de la UE" [Schmidt 2006, 9].

En cuanto al modelo asambleario, instituciones de la democracia participativa como asambleas vecinales o incluso asambleas temáticas, consejos barriales, comisiones consultivas, planes estratégicos participativos son ahora parte del gobierno local. Además, los representantes de los usuarios son admitidos a menudo en las instituciones de gobierno de las escuelas y otros servicios públicos, a veces incluso le es cedida la gestión de esto último a grupos de ciudadanos. Ha cobrado un particular interés, también a nivel institucional, el presupuesto participativo de Porto Alegre. En 1988, el gobierno de la ciudad de Porto Alegre, metrópolis brasileña de 1.360.000 de habitantes, ha iniciado un proyecto de decisiones públicas participativas sobre el presupuesto municipal con el objetivo de aumentar la participación a través de la creación de una esfera pública para la expresión de las demandas de los ciudadanos. El presupuesto participativo es un largo camino anual, durante el cual asambleas de ciudadanos a nivel barrial discuten y deciden sobre el uso de los recursos públicos. Cada año, entre marzo y junio, asambleas zonales debaten las prioridades de los gastos eligiendo delegados propios para el Consejo de Presupuesto Participativo y en asambleas temáticas, que también están representadas en el Consejo. Entre julio y agosto, los expertos y delegados transforman aquellas propiedades en proyectos concretos, que entre septiembre y diciembre son coordinados en una Propuesta General de Presupuesto y un Plan de inversión, discutidos y aprobados en el consejo municipal. En el curso de una larga experimentación, el presupuesto participativo ha adquirido una articulada y compleja estructura, orientada a lograr dos objetivos principales: la igualdad social y *empowerment* de los ciudadanos. Un criterio fundamental en la distribución del gasto público es, de hecho, el nivel de privación de servicios y bienestar en los diferentes barrios. La organización del proceso está orientada a controlar los límites del asambleísmo, en particular en términos de bloqueos decisionales, sin renunciar a las ventajas de la democracia directa. Reconociendo el éxito, las Naciones Unidas han definido el presupuesto participativo como una de las cuarenta "mejores prácticas" a nivel mundial. Patrocinado por los movimientos sociales y políticos de izquierda, el presupuesto participativo se ha extendido no sólo en el Sur Global, sino también en Europa.

En cuanto al modelo de "minipúblicos", desde el comienzo de los años setenta, la idea del sorteo como método democrático de la elección de los representantes ha encontrado su aplicación en los jurados de ciudadanos que empiezan a experimentarse en Alemania y los Estados Unidos: pequeños grupos de ciudadanos, sorteados de entre un padrón de la población, se reúnen para expresar un parecer sobre algunas decisiones. En modo similar, en Dinamarca, desde los años ochenta, las *Konsensuskonferencer* [conferencias de ciudadanos, *N. del T.*] (también en este caso compuestas por ciudadanos elegidos al azar) eran convocadas a discutir temas controversiales, incluso con alto contenido técnico, y lo mismo ocurre en Francia con las *Conférences des citoyens* [conferencias de ciudadanos, *N. del T.*], y en Alemania con las *Planungszellen* [células de planificación, *N. del T.*]. Similar es también el principio del *sondaggio deliberativo* [sondeo deliberativo, *N. del T.*], que proporciona una deliberación informada entre ciudadanos seleccionados de manera tal que reflejen algunas de las características sociales de la población. Mientras que las encuestas tradicionales siguen la lógica de agregación de las preferencias individuales, los sondeos deliberativos –que también reúnen a varios cientos de personas– tienen como objetivo descubrir cuál sería la opinión pública si los ciudadanos tuvieran la posibilidad de estudiar y discutir un tema determinado.

Ambos tipos de experimentos han proliferado en varios Estados miembros de la UE a nivel nacional y, sobre todo local. Si bien los procesos decisionales participativos y/o deliberativos siguen siendo una excepción y no la regla [Font 2003, 14; cfr. también Akkerman, Hajer y Grin 2004], los mismos se utilizan cada vez más [Lowndes, Pratchett y Stoker 2001], y no sólo como objeto de reflexión. Se ha desarrollado, de hecho, un "*policy-making* interactivo", definido como las "prácticas políticas que comprenden la consulta, negociación y/o la deliberación entre gobiernos, asociaciones de la sociedad civil y ciudadanos particulares" [Akkerman, Hajer y Grin 2004, 83].

Se han desarrollado modelos de participación particulares siguiendo algunas tradiciones específicas de los gobiernos locales; otros han sido importados desde el exterior, adoptados y también adaptados (como los presupuestos participativos); o promovidos por organizaciones y acuerdos internacionales (como la Agenda 21). En Francia fueron celebradas *Conférences des citoyens* y foros de ciudadanos, así como una serie de experiencias de presupuesto participativo [Sintomer, Herzberg y Röcke 2007]. En España, entre las experiencias de participación ciudadana es posible incluir a los foros participativos de la Agenda Local 21, a los consejos consultivos que presentan un formato innovador (como la selección aleatoria de los participantes o la inclusión de nuevos grupos, como los niños), a los foros participativos para la planificación estratégica, a los jurados de ciudadanos (Núcleos de Intervención Participativa o Consejos Ciudadanos), juntas de vecinos, presupuestos participativos, *referendum*, planes integrados y planes sectoriales estratégicos [Font 2003]. En Italia, los instrumentos de planificación negociada PRUSST (Programas de Recuperación Urbana y Desarrollo Sostenible) y los presupuestos participativos son algunos ejemplos de la amplia gama de instrumentos consensuales e inclusivos que la legislación italiana actual prevé para los procesos decisionales de las administraciones públicas [Sclavi *et al.* 2002]. Un censo de las actividades de los gobiernos locales ingleses, interesado en mejorar la participación pública, ha relevado que:

> [...] la mayoría de las autoridades utilizan más de una forma de participación. En promedio, cada autoridad local ha empleado alrededor de nueve diferentes formas de participación durante el año del censo: virtualmente todas las autoridades locales trabajan con un esquema de sugerencias o quejas y llevan a cabo encuestas sobre el grado de satisfacción con los servicios públicos; cerca de la mitad utiliza *focus groups* y algunas formas de planificación comunitaria (*community planning*) o de análisis de las necesidades involucrando jurados y paneles de ciudadanos (como muestras estadísticamente representativas que son consultadas periódicamente, sobre una gama de problemas) [Lowndes, Pratchett y Stoker 2001, 208].

En Alemania, la Comisión de Estudio sobre el "Futuro del Compromiso Cívico", designada por el Parlamento alemán en 1999, auspició la creación de formas innovadoras de participación tales como mesas redondas, células de planificación, ofrecimiento de *expertise* por parte de los ciudadanos, foros de ciudadanos y workshops, con el fin de llevar adelante modelos avanzados para el desarrollo de la comunidad local [Enquete-Kommission 2002].

Si bien la escala de intensidad de la participación, su duración e influencia, varían mucho en los diferentes dispositivos participativos, los mismos muestran la insuficiencia de una concepción meramente representativa de la democracia. En diversos equilibrios, se entrelazan aquí los objetivos de mejorar la capacidad de gestión, a través de una mayor transparencia y circulación de la información, e incluso también de transformar las relaciones sociales, reconstruyendo los lazos sociales y el capital de la solidaridad y la confianza, y así, desde un punto de vista político, "democratizar la democracia".

Las investigaciones sobre los intentos de ampliar el *policy-making* a la participación de los ciudadanos habitualmente focalizan su atención en la capacidad de estas herramientas para resolver los problemas creados por las oposiciones locales a un uso impopular del territorio local [Bobbio y Zeppetella 1999]. Renn, Webler y Wiedemann hablaron de foros de intercambio que se organizan con el objetivo de facilitar la comunicación entre gobiernos, ciudadanos, *stakeholders* y grupos de interés, y empresas, con respecto a una decisión específica o a un problema concreto, refiriéndose a "audiencias públicas, reuniones públicas, *focus groups*, encuestas, comités consultivos de ciudadanos, *referendum*, leyes de iniciativa popular, y negociaciones, entre otros modelos" [Renn, Webler y Wiedemann 1995, 2]. Muchas de estas prácticas, sin embargo, buscan alcanzar una alta calidad deliberativa en el sentido de que:

> [...] todos los grupos potencialmente interesados tengan igual oportunidad de involucrarse en el proceso y el mismo derecho a proponer temas, formular soluciones, o discutir críticamente enfoques dados por sentado, y el *decision-making* se inicia a través del intercambio de argumentos [Baccaro y Papadakis 2004].

En general, los argumentos responden a una creciente atención dirigida al público.

¿Los experimentos de *decision-making* deliberativos satisfacen expectativas tan altas? Si bien a fines de los años noventa James Bohman [1998, 419] notaba "una sorprendente falta de casos de estudios empíricos de deliberación democrática", enfatizando que "la investigación empírica es una cura, tanto para el escepticismo *a priori* como para el idealismo no verificado con respecto a la deliberación" [*ibidem*, 22], las investigaciones empíricas crecieron, en efecto, exponencialmente en los años siguientes, dirigiéndose hacia la evaluación de programas deliberativos particulares, así como también a la observación de las conductas individuales en grupos experimentales [para las encuestas, Chambers 2003]. Sin embargo, sus resultados son cualquier cosa, menos coherentes.

También es ambivalente la posición hacia estos experimentos por parte de distintos actores. En la administración pública hay una extendida desconfianza con respecto a este tipo de experimentos participativos [Smith 2009, 18]. A pesar de su consonancia con los valores promovidos en estos experimentos institucionales, también otros actores, como los movimientos sociales, son a menudo críticos de los resultados de las fórmulas *top down*, en cuanto representación meramente simbólica de la participación ciudadana, que responde a una estrategia del consenso renovada y más sofisticada. Según muchos de los activistas entrevistados durante una investigación comparada sobre seis países europeos, los "palacios del poder" no se encuentran realmente abiertos a la participación de los ciudadanos, sino que se mantienen accesibles sólo para las élites (especialmente, para las económicas) [della Porta 2009a]. Las críticas están sobre todo dirigidas a las conexiones faltantes entre la consulta, la deliberación, la decisión y las fases de seguimiento, pero también a la distorsión "tecnocrática" del debate político, a la preselección (por parte de las instituciones) de los actores relevantes a ser involucrados en la consulta, y en algunos casos a la escasa importancia de lo que se pone en juego (como señal de un enfoque demasiado cauto por parte de las instituciones).

Los resultados ambivalentes de las investigaciones y las actitudes críticas hacia ellos, podrían estar relacionados con el "estiramiento conceptual" de términos vagos como democracia deliberativa y participativa, así como a los diferentes diseños institucionales y procesos políticos que condujeron a su desarrollo.

Los experimentos citados no sólo tienen una forma aun fluida y experimental, sino que también son diferentes, privilegiando unas ciertas cualidades por sobre otras. En su análisis de la política y del *policy-making*, Maarten Hajer y Hendrik Wagenaar observaron que en estos nuevos espacios de la política, que incluyen las prácticas del *policy-making* y de la política "desde abajo", "no hay reglas ya preparadas que determinen quién es el responsable, quién tiene la autoridad sobre quién, qué tipo de responsabilidad se espera de él" [Hajer y Wagenaar 2003, 9]. Las nuevas prácticas parecen "existir inicialmente en un vacío institucional" [*Ibidem*]. Para reflexionar sobre las específicas ventajas y desventajas de los diferentes experimentos, de particular interés son algunas de las siguientes características:

• La capacidad de inclusión de las nuevas arenas participativas; a partir del hecho de que los recursos de movilización colectiva se distribuyen de manera desigual entre los grupos sociales, ¿en qué medida las zonas y los grupos más pobres son excluidos de las nuevas instituciones del *policy-making*? ¿Y si participan, es escuchada su voz?

• La calidad discursiva del proceso: ¿qué tan bien informado es el discurso?, ¿hay una pluralidad de argumentos?

• El grado de *empowerment* de los ciudadanos en el *decision-making*: ¿cuánto poder de decisión tienen estas nuevas arenas?, ¿en qué medida son escuchadas sus decisiones?, ¿y con qué efecto?

La capacidad inclusión del proceso. Al identificar el desplazamiento de la atención de la participación a la deliberación como un cambio significativo en el proyecto crítico de la teoría democrática, Emily Hauptmann [2001, 408] ha observado que "la mayor parte de los teóricos de la democracia deliberativa, a pesar de las críticas fundamentales a la visión participativa, sostiene, además, que la deliberación es una especie de participación o, en cierto modo, que es indispensable para la misma"[8].

Los criterios para una buena deliberación comprenden, de hecho, la capacidad de inclusión del proceso, que debería tener lugar en condiciones de pluralidad de valores, donde las personas tienen diferentes perspectivas, pero se enfrentan a problemas comunes. La democracia deliberativa "requiere alguna forma de aparente igualdad entre los ciudadanos" [Cohen 1989, 18] dado que la deliberación se da entre ciudadanos libres e iguales ("libre deliberación en-

---

[8] James Bohman [1996, 241] define su enfoque deliberativo como una "visión de la democracia participativa".

tre iguales" [*ibidem*, 20], cfr. también Benhabib [1996]). Las decisiones legítimas requieren igualdad en dos sentidos: en primer lugar, los ciudadanos deben ser iguales; y, en segundo lugar, sus razones deben recibir la misma consideración [Bohman 1998].

Si los teóricos normativos ponen de relieve las virtudes de la inclusión, las investigaciones empíricas indican, sin embargo, las dificultades que encuentran los experimentos de democracia participativa y deliberativa al involucrar a los ciudadanos. Por ejemplo, según una encuesta realizada sobre dieciséis organizaciones que promueven una mejor deliberación pública en las comunidades locales y nacionales:

> [...] la participación está estrechamente relacionada con el nivel de educación, que está a su vez conectado con los indicadores de *status* socioeconómico. Teniendo en cuenta la técnica de selección utilizado por estas organizaciones (boca a boca, reuniones en las instituciones públicas, tales como bibliotecas o municipios, publicidad en los medios locales), es probable que su capacidad de atracción no se extienda mucho más allá de esta base demográfica altamente participativa [Ryfe 2002, 365].

Esto, a su vez, crea problemas de legitimidad a las instituciones, que corren el riesgo de ser caracterizadas a partir de sus bajos niveles de participación, así como por reproducir (o aumentar) las desigualdades sociales que se observan ya en otras formas de participación política. De acuerdo, sin embargo, con una serie de investigaciones sobre un buen número de estas formas de participación, con la excepción de los grupos más pobres, la distribución social de los participantes es amplia y heterogénea [Smith 2009, 41 y ss.], aún con mayor participación de las clases populares en el presupuesto participativo de Porto Alegre [Gret y Sintomer 2005, 77].

En términos del grado y la calidad de la participación, las características de los experimentos varían de acuerdo con diferentes dimensiones:

> La participación está modelada por los problemas de *policy* que son afrontados, por las técnicas y recursos disponibles, y finalmente, por el entendimiento político sobre la importancia de los mismos y la necesidad de involucrar al público [Obispo y Davis 2002, 21].

En general, se espera de los modelos asamblearios un máximo de participación. El modelo del presupuesto participativo considera particularmente importante la participación de todos los ciudadanos afectados por determinadas decisiones. El proceso del presupuesto participativo de Porto Alegre involucra muchos miles de ciudadanos: partiendo de alrededor de 3.000 individuos en 1991 para llegar a 14.000 en 1995 y 31.300 en 2002; en total casi el 10% de la población [Abers 2000, 135]. Hay varias reglas destinadas a incrementar la participación activa, entre ellas: el respeto de turnos equitativos y rigurosos para tomar la palabra, la elección de los delegados en proporción al número de participantes en las asambleas públicas, la fijación de una agenda anual de las principales asambleas y la especificación de ciertas etapas fundamentales del proceso. La administración incentiva la participación de varias maneras. Por ejemplo, "incorpora a los activistas de los movimientos barriales para ayudarlos a organizar el proceso" convocando a las asambleas, "[visitando] los barrios que aún no han participado" o "[buscando] líderes potenciales y [ayudándolos a que] se organicen de la nada" [*Ibidem*, 205]. En Porto Alegre, así como en experimentos similares, estos procesos han dado lugar a una alta tasa de involucramiento de los pobres, los ciudadanos menos instruidos y las mujeres [*Ibidem*, 245]. Tanto en Porto Alegre como en otros procesos asambleaarios, la participación tiende a tener efectos exponenciales, ya que cada participante termina por involucrar, incluso indirectamente, a su red de familiares, vecinos y amigos. En este último caso, se ha notado también un círculo virtuoso entre el compromiso de la administración a estimular la participación de los grupos más vulnerables y la formación de un rico sustrato asociativo precisamente como respuesta a las oportunidades que se le ofrece. Desde el punto de vista individual, el nivel de participación en las discusiones crece con las experiencias participativas mismas [Baiocchi 2001]. Más en general, la representación de los puntos de vista de los ciudadanos más interesados es privilegiada en los procesos asambleaarios abiertos.

La representación estadística, en cambio, es resaltada en los minipúblicos, habitualmente construidos a través de muestras estratificadas que deben reflejar algunas de las principales características de la población; los ciudadanos más interesados (y "mejores") son los preferidos en las asambleas abiertas; los portadores de los intereses más relevantes están involucrados en la búsqueda de soluciones a los problemas inmediatos [Smith 2001]. En experiencias tales como las consultas deliberativas, la capacidad de inclusión refiere al ideal de una selección de jurados ampliamente representativos que sean capaces de acceder a un extenso radio de *background* políticos y sociales. Las cifras siguen siendo muy bajas en estos casos (aunque puedan alcanzar algunos cientos), y los participantes invitados son seleccionados mediante muestreos aleatorios. El objetivo principal es, de hecho, ver cómo los ciudadanos decidirían en condiciones que permitiesen una discusión informada, en lugar de mejorar la capacidad democrática de esos ciudadanos específicos. La lógica del sondeo deliberativo es explicada por su creador James Fishkin, un estudioso de la democracia:

El sondeo deliberativo es diferente de cualquier sondeo realizado hasta el momento. Los sondeos ordinarios relevan lo que el público piensa, incluso cuando el público no piensa mucho y no presta mucha atención. Un sondeo deliberativo tiene como objetivo modelar lo que el público pensaría si tuviera una mejor oportunidad de considerar un determinado asunto [Fishkin 1997, 162].

En general, "el ambiente de los minipúblicos" está estructurado de modo tal que facilita el diálogo y la interacción entre ciudadanos [Smith 2009, 83], a través de facilitadores independientes.

La calidad discursiva

Los teóricos políticos han definido la deliberación como un mecanismo específico decisional que orientaría a los participantes hacia intereses compartidos por medio de debates de alta calidad. El involucramiento personal en el proceso participativo puede cambiar significativamente actitudes, perspectivas y prioridades de valores. De hecho, "en lugar de agregar o filtrar las preferencias (generadas de modo exógeno), la democracia deliberativa procede a través de su transformación durante la discusión y como resultado de la misma" [Elster 1997, 11; También Manin y Blondiaux 2002]. A pesar de las diferencias en el número de ciudadanos que participan, en los procedimientos utilizados para su selección, y en los resultados de los procesos (*decision-making* colectivo o mero registro de los puntos de vista de los ciudadanos), el factor común es que los ciudadanos normales tienen tanto la voluntad como la capacidad de tomar decisiones importantes y de hacerlo en función del interés público.

Desde el punto de vista empírico, mientras algunos estudios concluyen que la participación de los ciudadanos en el *policy-making* aumenta su eficiencia y la legitimidad, otros expresan dudas acerca de su capacidad para resolver los problemas del *free-rider* y producir decisiones óptimas, o facilitar la realización del bien público.

Además, la calidad del discurso no mejora automáticamente a través de la participación. Las investigaciones han puesto de relieve algunos *trade-off* entre la participación y la calidad discursiva. Por ejemplo, se observó que, con respecto a los jurados de ciudadanos y experimentos similares:

> [...] si bien tales foros sólo pueden aproximar el ideal de la capacidad de inclusión y la igualdad de palabra (voz) a través de los procedimientos de muestreo, los mismos alimentan condiciones en las que la deliberación democrática e informada puede tener lugar e involucrar directamente a los ciudadanos que forman parte de un corte transversal de la sociedad [Smith 2001, 82].

Por el contrario, en relación con el presupuesto participativo, Abers ha expresado dudas sobre el hecho de "que los procesos meramente deliberativos ocurran siempre en los foros participativos", aunque "la deliberación se vuelva cada vez más común con el paso del tiempo ya que los participantes adquieren experiencia con el debate público" y "desarrollan su capacidad de argumentar y de razonar "[Abers 2003, 206].

Los modelos difieren, sin embargo, en términos de la atención prestada a la *información*. Algunos diseños institucionales privilegian el flujo de información desde los ciudadanos hacia los funcionarios. En las reformas del gobierno local en Chicago, la policía y los residentes utilizan procesos de *brainstorming* para recoger indicaciones sobre los problemas relacionados con la delincuencia y la seguridad en los barrios de la ciudad, eligiendo un par de problemas prioritarios, analizándolos y estableciendo estrategias para abordarlos [Fung 2003, 118].

Para los minipúblicos, la calidad del discurso está relacionada con el alcance de las informaciones al que los ciudadanos están expuestos en el foro, a sus oportunidades de interrogar testimonios y expertos, a sus capacidades para reflexionar sobre las experiencias y perspectivas de sus conciudadanos en distintos contextos, y con expectativas estables y relaciones de confianza que pueden ser alimentadas entre los participantes. Los experimentos democráticos tales como los sondeos de opinión deliberativos (desde 1994 en los Estados Unidos y el Reino Unido), los jurados de ciudadanos (desde los años setenta en Alemania y los Estados Unidos y recientemente en el Reino Unido) y las *consensus conferences* (desde los años ochenta en Dinamarca, Holanda y el Reino Unido) comparten el hecho de que:

> Los miembros de una sección transversal de la población discuten juntos durante tres o cuatro días sobre cuestiones de interés público; los ciudadanos son expuestos a una variedad de informaciones y escuchan los puntos de vista de una amplia gama de testigos a quienes pueden interrogar y contrainterrogar; y la equidad de los procedimientos es confiada a una organización independiente que desempeña el papel de facilitadora [Smith, 2000].

Los facilitadores tienen un papel importante en este caso, ya sea garantizando la inclusión en el proceso, así como fomentando una ética de respeto mutuo durante las deliberaciones.

La calidad deliberativa es menos central para las fórmulas asamblearias. Por ejemplo, en el presupuesto participativo sólo en un segundo momento se activa la dimensión deliberativa de los foros participativos, que se convierten así en espacios de aprendizaje cívico. Los argumentos y las razones son, de todos modos, relevantes –aunque por lo general no sustituyan totalmente "la negociación estratégica orientada a obtener un máximo beneficio para los propios intereses"– en la medida en que las personas "están obligadas a enfrentarse con las necesidades de los demás" [Abers 2003, 206]. Según Baiocchi [2001], las características institucionales relevantes de la experiencia de Porto Alegre incluyen un componente didáctico que se expresa en las reuniones dedicadas al aprendizaje de reglas y procedimientos, competencias específicas relativas al presupuesto, capacidad de desarrollar la discusión y la movilización de recursos para objetivos colectivos.

En general, se espera que la calidad de la comunicación esté negativamente influenciada por el *tamaño* de la arena. Archon Fung [2003, 132] observó que:

> [...] si hay un número mágico para un grupo relativamente pequeño, de modo tal que todos sus miembros puedan contribuir a una discusión continua, y sin embargo lo suficientemente grande como para ofrecer diferentes puntos de vista y una gran energía, es probable que no esté muy alejado del número real de quienes participan efectivamente en los grupos constituidos por las reformas de Chicago [...]

Es decir, entre diez y veinte participantes [*ibidem*, 128]. En general, cuanto más amplia sea la arena decisional, más difícil es que haya una deliberación real: "por encima de un número muy pequeño de participantes (con certeza, inferior a 20), la deliberación se pierde en discursos que sustituyen a la conversación y en apelaciones retóricas que reemplazan las argumentaciones razonadas" [Parkinson en 2003, 181][9].

Sin embargo, experimentos tales como los diálogos comunitarios tienen como objetivo conjugar el involucramiento de un amplio número de participantes y una cierta calidad del discurso a través de un proceso de varias etapas:

> El diálogo se desenvuelve a través de la formación de la agenda, el desarrollo de estrategias y el proceso decisional. El estadio de *agenda-setting* exige a la comunidad definir el alcance y los términos del diálogo. El estadio del desarrollo de las estrategias requiere a los ciudadanos identificar opciones prometedoras y el estadio del *decisión-making* demanda a los ciudadanos seleccionar el recorrido preferido [2000 Weeks 362][10].

---

[9] De acuerdo con Parkinson, por lo tanto, hay "muy poco de deliberativo en la comunicación pública de masas, incluyendo la gran cantidad de debates en los medios, los procesos referendarios a gran escala, o incluso las asambleas públicas, que merezcan la etiqueta de 'deliberación'" [*ibidem*].

[10] Weeks [2000] ha puesto a prueba la factibilidad práctica del modelo a través de cuatro implementaciones a gran escala, cada una dirigida a las cuestiones políticamente controvertidas en la ciudad, con una población variable entre 100.000 y 400.000 habitantes.

Diversos estudios empíricos han subrayado la capacidad de los ciudadanos para aportar al proceso decisional una notable masa de informaciones [Fung 2003, 112], así como un alto sentido del bien común, sobre todo cuando intervienen facilitadores para estimular el debate [Smith 2009 55].

¿Cuánto y cuál *empowerment*? ¿Las decisiones tomadas en las arenas participativas son adoptadas, o al menos discutidas, por los *decision-makers*? Tal como se mencionó, estos experimentos institucionales son pensados como una manera de dar poder a los ciudadanos, desarrollando un "gobierno con el pueblo". Sin embargo, también se han discutido los problemas de *accountability* de este tipo de instituciones con respecto a las instituciones electivas. Como ha sintetizado Graham Smith [*ibidem*, 17]:

> [...] la evidencia empírica sugiere que el profundo escepticismo expresado por los ciudadanos acerca de su capacidad para influenciar el proceso decisional a menudo se encuentra justificado [...] La prevalente división de poder entre las autoridades públicas y los ciudadanos está lejos de ser desafiada.

El grado de *empowerment* está relacionado con el lugar específico que ocupa la arena deliberativa en el *policy-making*. Concentrando la atención sobre diferentes casos empíricos, la investigación ha destacado un nivel generalmente bajo de concesión de poderes a las diversas experiencias de democracia deliberativa y participativa. Sin embargo, varían tanto "el modo en que los ámbitos deliberativos se relacionan con [...] las instituciones formales que organizan la representación a lo largo de las líneas territoriales", como "el modo en que los mismos procedimientos deliberativos podrían operar dentro tanto de las asociaciones secundarias como de las instituciones políticas más formales" [Johnson 1998, 175–176][11].

Sobre todo, el poder de los "minipúblicos", creados por sorteo para discutir temas relevantes se limita a una *moral suasion*. Como observa uno de sus promotores:

> El sondeo deliberativo no pretende describir o predecir la opinión pública. Más bien, es prescriptivo. Tiene la fuerza de una recomendación: estas son las conclusiones que las personas alcanzarían si estuvieran mejor informadas sobre un cierto tema y tuvieran la oportunidad y motivación para examinar esas cuestiones con seriedad [Fishkin 1997, 162].

---

[11] Las críticas más radicales se presentan en Sanders [1997] y Walzer [1999].

En general, las recomendaciones de los minipúblicos son consideradas dentro de procesos complejos, en los que otros actores tienden a tener una mayor influencia [Smith 2009, 93]. Algunos experimentos deliberativos similares, como por el ejemplo, las células de programación en Alemania, han tenido, sin embargo, una cierta influencia sobre las decisiones.

Niveles más elevados de *empowerment* se pueden encontrar, en cambio, en las formas asamblearias. En particular, el presupuesto participativo de Porto Alegre administra hasta un 20% del presupuesto anual, dando la posibilidad de responder positivamente a cerca de un tercio de las peticiones formuladas por los ciudadanos [Baiocchi 2001, 14].

Otro tema central es, sin embargo, el tipo de ciudadanos que resultan *empowered*. Hace tiempo ya que han salido a la superficie los riesgos de que, en estos experimentos de democracia, la desigual distribución de recursos entre los diferentes intereses en juego (riqueza, prestigio social, número, capacidad de agregación) tenga repercusiones en términos de desigualdad política. Podría suceder, entonces, que terminen resultando *empowered* aquellos que ya tienen el poder. Sin el filtro de los partidos, las presiones del lobbying mejor organizado pueden tener mayores posibilidades de éxito y la acción pública puede alejarse de la búsqueda del bien público. Esto es particularmente cierto dada la presencia cada vez menor en las ciudades de espacios de agregación pública.

El debilitamiento de la función pública mediante la transferencia de poder decisional al libre negociado entre portadores de distintos intereses, puede, de hecho, recompensar a los que tienen más recursos, individuales y organizativos, y penalizar, en cambio, a los más pobres. Se ha observado que la participación directa tiende a "legitimar el recurso sustitutivo a las 'opiniones' [...] mientras que las decisiones que cuentan, son tomadas por grupos cada vez más restringidos" [Marson 2001, 190-191]. Además, la participación a menudo no es sólo limitada, sino también desigual, con un control de la agenda por parte de los más educados y ricos [Young 2000].

Si bien es cierto que una de las funciones que pueden cumplir estas nuevas arenas es hacer más transparente el proceso decisional, sin embargo, es necesario evitar que se conviertan en una forma de encubrir decisiones que en realidad son tomadas en otra parte. Para evitar manipulaciones por parte de los grupos más fuertes, se ha enfatizado la necesidad de favorecer especialmente la participación de los grupos que tienen mayores dificultades para organizarse colectivamente. También en este caso los diferentes tipos de experimentos existentes presentan una capacidad diferente para garantizar el *empowerment* de los ciudadanos menos dotados de recursos materiales y de poder político.

Los determinantes de la calidad de los experimentos de participación y deliberación. Si, por lo tanto, los niveles de participación, calidad de la comunicación y *empowerment* son muy variables, ¿cómo explicar las diferentes características de los experimentos participativos y deliberativos? Las cualidades democráticas de los nuevos modelos de procesos decisionales parecen estar ligadas con algunas características internas al experimento mismo, así como también al ambiente en que éste se desarrolla.

La calidad de los experimentos de deliberación con respecto a diversas dimensiones está claramente relacionada con su *diseño institucional*. Esto varía, en primer lugar, de acuerdo con el tipo y la gama de temas tratados en el proceso deliberativo. Cohen y Rogers distinguen los proyectos dirigidos a mejorar la eficiencia de los servicios públicos (por ejemplo, la policía, la educación o el medio ambiente), a través del involucramiento de sus usuarios, de aquellos otros que enfrentan problemas de *policy* más amplios y, por tanto, involucran potencialmente a todos los ciudadanos (presupuestos municipales). Según estos autores, los del primer tipo "están dirigidos a resolver desafíos de *policies* delimitadas" y los del segundo tipo "buscan transformar los equilibrios fundamentales del poder social" [Cohen y Rogers 2003, 260]. Los primeros "están formados en relación con un contexto en el que los desequilibrios de poder no son de obvia relevancia para el *decision-making*", y en el que el objetivo principal es el de lograr la coordinación para el beneficio mutuo [*ibidem*, 250]. En los segundos, los esquemas de *problem-solving* deliberativos son "parte de proyectos políticos más amplios, dirigidos a un cambio más sustancial del equilibrio de poder entre amplias fuerzas de la sociedad" [*ibidem*, 251].

Las investigaciones existentes indican también una posible mutación en el funcionamiento de las arenas, que prescinde de sus características institucionales y está conectado, en cambio, al *tipo de participantes* involucrados. Abers, por ejemplo, explica la participación de personas "normales" en los experimentos de presupuesto participativo a partir del hecho de que los programas se centraron inicialmente en las cuestiones locales consideradas importantes por los residentes de los barrios: "no había necesidad de convencer a los habitantes pobres de Porto Alegre que las medidas higiénicas básicas, el control de las inundaciones, la pavimentación de las calles, los transportes públicos, las escuelas, y la salud eran importantes para sus vidas" [Abers 2003, 204]. Las personas "no estaban involucradas en el proceso porque querían deliberar, sino porque querían conseguir infraestructura para sus barrios, mejorar sus vidas" [*ibidem*, 206]. Los ciudadanos son inducidos a movilizar a sus vecinos, "ya que mientras más personas vayan a las asambleas, más probablemente serán capaces las mismas de definir las escalas de prioridad entre distintos objetivos" [*ibidem*]. El "componente extremadamente competitivo" del presupuesto participativo "le confiere su vitalidad", ya que "si [el presupuesto participativo] no proporcionara la perspectiva de un retorno de recursos para hacer frente a sus necesidades e intereses específicos, la mayoría de las personas no iría a las asambleas" [*ibidem*].

Sin embargo, la participación de los grupos de ciudadanos más pobres y marginados transforma, pues, las motivaciones individuales, así como las dinámicas institucionales: "es a través del mismo proceso participativo que las personas empiezan a percibir las necesidades de los demás, a desarrollar algún tipo de solidaridad y a conceptualizar sus propios intereses de manera más amplia" [*ibidem*].

Las diferencias entre los distintos modelos de democracia deliberativa dependen también de las características de los *emprendedores de policy* y de su apoyo político a los experimentos. Funcionarios, ciudadanos, representantes de grupos de intereses y expertos, todos estos actores pueden querer la participación, pero por razones muy diferentes. Por tanto ellos pueden tener diferentes ideas acerca de la forma en que el proceso debería ser llevado a cabo y sobre el modo en que se deben evaluar, en consecuencia, los resultados de los experimentos específicos. En particular, los experimentos de democracia deliberativa y participativa pueden seguir lógicas de *incumbent democracy*, siendo "principalmente motivados para preservar y mejorar las instituciones existentes maximizando y gestionando una participación ordenada", o más bien pueden fundarse en una lógica de "democracia crítica" que "trata de resistir a este control y de dar poder a las voces excluidas, desafiando directamente a las instituciones existentes" [Blaug 2002, 107].

Las preguntas relevantes en este sentido son las que están relacionadas en primer lugar con el *origen de la arena*: ¿quién tomó la iniciativa de constituirlas? ¿Quién tiene el poder de ponerles fin? En particular, parece importante distinguir los casos en que el acceso al proceso de *policy* se origina a partir de una iniciativa desde abajo (*bottom up*) y aquellos otros en que provienen desde el vértice (*top down*) [Fung y Wright 2001].

Algunos experimentos han sido promovidos por las organizaciones de movimientos sociales. El modelo para muchas de ellas es el ya mencionado presupuesto participativo implementado desde 1988 por el Municipio de Porto Alegre [Alfonsín y Allegretti, 2003]. Instituido por partidos de izquierda enraizados en las asociaciones de la sociedad civil, el experimento fue diseñado para movilizar y activar a los pobres y desposeídos. En ese caso:

> [...] los órganos de participación relevantes son tanto el efecto como la causa de una movilización más amplia que permitió la participación de grupos que no habían participado antes y, aún más importante, esos órganos tienen poderes mucho más amplios que aquellos que están mayormente ligados a *policies* específicas, considerados en los casos estadounidenses [Cohen y Rogers 2003, 251].

En Europa, este enfoque hacia el presupuesto local ha sido propuesto sobre todo por las organizaciones del movimiento por la justicia global (por ejemplo, *Démocratiser radicalment la démocratie*; *Carta del nuovo municipio*), discutido en los foros sociales europeos y apoyado por los foros sociales locales. Las instituciones locales europeas, especialmente las que están gobernadas por partidos de izquierda, han comenzado en los años dos mil a realizar experimentos de presupuesto participativo, si bien en una escala más limitada y controlada respecto a Brasil. Además, han sido las asociaciones ambientalistas, sobre todo, quienes han promovido la Agenda 21, estimulando procesos participativos a nivel local relacionados con el desarrollo sostenible social y ambiental, aprobada por la Conferencia Global de Río de Janeiro en 1990 y caracterizada por haber sido un amplio espacio de participación para los ciudadanos y sus asociaciones.[12]

La mayoría de los experimentos deliberativos fueron promovidos, en cambio, desde arriba (*top down*). Es el caso, por ejemplo, de las juntas barriales (instituciones microlocales que se basan en la participación ciudadana) creadas en varias ciudades europeas en conexión con los planes urbanísticos. Del mismo modo, los jurados ciudadanos han sido promovidos en los años setenta en los Estados Unidos por el *Jefferson Center* de Ned Crosby y luego importados a Gran Bretaña por otras asociaciones, y el *Research Institute for Citizens Participation* en Alemania ha promovido, a menudo con el apoyo de las autoridades públicas, las células de programación sobre planificación urbana, políticas de energía y transporte y difusión de las nuevas tecnologías. En Dinamarca, las *Konsensuskonferencer* promovidas por los gobiernos han discutido desarrollos científicos y tecnológicos. Procesos *top down* también se han observado en la versión española de las células de planificación, en las comisiones formadas para tratar con las oposiciones locales a las grandes infraestructuras en la planificación urbana.

Las culturas *institucionales y administrativas* en las que los experimentos de democracia deliberativa se sitúan, juegan un papel importante en la determinación de sus normas y estructuras [Sintomer, Herzberg y Röcke 2007]. Los experimentos de democracia deliberativa fueron incluidos en algunas transformaciones de las últimas dos décadas, de la *governance* local a la supranacional. En Francia, donde los experimentos de democracia deliberativa fueron principalmente definidos en el marco de las "políticas de proximidad", la ley de 1992 ha reforzado la descentralización. La creación, en 1995, de la *Commission Nationale du Débat Public* (CNDP) confirma el reconocimiento de la importancia de la discusión

---

[12] Las investigaciones han indicado que el grado de efectiva implementación de la Agenda 21 cambia entre países y dentro de ellos; también sus implementaciones locales varían notablemente en el grado en que estos países son inclusivos, participativos o se involucran en el *decision-making*.

pública [Blatrix 2003]. En España, los experimentos de participación institucional se han desarrollado al interior de un cambio radical desde un Estado unitario centralizado hacia el semifederalismo de las Comunidades Autónomas, encaminándose hacia prácticas participativas. En Italia, algunas experiencias recientes se basan en la planificación urbana, así como en la Agenda 21. En Suiza, las nuevas formas de participación están inspiradas en una larga tradición de participación de los ciudadanos guiada por las instituciones en los procesos decisionales, a través de los *referendum* y las iniciativas populares. En Alemania, las así llamadas mesas redondas, provenientes del período que le siguió a la caída del régimen comunista en Alemania del Este, continúan existiendo en muchas ciudades, focalizadas, por ejemplo, en abordar problemas como el desempleo, la integración de los migrantes y las reformas de las políticas sociales.

Una deliberación pública de calidad requiere, sin embargo, la existencia de algunas normas compartidas: un proceso deliberativo se ve facilitado por la presencia de objetivos comunes y por la focalización del debate en la mejor manera de alcanzarlos. Por ello, los procesos de cooperación tienen éxito a menudo en los pactos territoriales que reúnen a actores unidos por el objetivo del desarrollo económico. Ellos tienden a ser excluidos, sin embargo, y se les oponen, los actores (como grupos de residentes, consumidores, usuarios de servicios públicos) que tienen una concepción diferente del desarrollo. Por lo tanto, la definición de las normas comunes es un momento indispensable, que no puede ser fácilmente abandonado a la negociación entre los actores. Es por ello que la apelación a las mesas de negociación resuena a veces como una concepción en la que el espacio para la política, en cuanto decisión autoritativa, debe limitarse el máximo posible, introduciendo elementos de distorsión en una suerte de mercado de intereses, capaz, en su lugar, de autorregularse. El riesgo que hay que evitar correr es que este mercado se autorregule en detrimento absoluto de los intereses más débiles, así como del poder político, capturado por intereses particularistas. La participación en las arenas deliberativas no debe, por lo tanto, dar lugar a una desresponsabilización de las instituciones públicas.

En conclusión, las concepciones participativas y deliberativas han sido experimentadas en varios contextos y, sobre todo, muy discutidas como posibles arenas que tienden un puente entre las instituciones y los ciudadanos. El grado de capacidad de inclusión, la calidad del discurso y los poderes decisionales restituidos a estas instituciones emergentes varían considerablemente, sin embargo, según las diferentes formas que toman (jurados, asambleas, presupuestos participativos). Cada fórmula diferente parece presentar ventajas y desventajas a lo largo de estas tres dimensiones, mientras que parece difícil maximizar todos los elementos al mismo tiempo.

Movimientos sociales globales, esferas públicas y democracia deliberativa

En los movimientos sociales se ha discutido, en particular, la idea de un modelo deliberativo basado en la participación, como una alternativa a la imposición de decisiones desde arriba, percibido el primero como progresivamente deslegitimado a nivel de los *input* e ineficaz respecto de los *output*. La difusión de experimentos de "otra" democracia se corresponde con la búsqueda, tradicionalmente central para los movimientos sociales, de modelos de democracia alternativos a la democracia representativa entendida en los términos de la concepción convencional de las instituciones de la democracia occidental. Se ha señalado en repetidas ocasiones que los movimientos sociales afirman no sólo la legitimidad, sino también la primacía de una democracia que:

> [...] invoca antiguos elementos de la teoría democrática que apelan a una organización del proceso decisional colectivo definido diferentemente como democracia clásica, populista, comunitaria, fuerte, desde abajo, dirigida contra una práctica democrática dominante en las democracias contemporáneas, y definida esta última como realista, liberal, de élite, republicana o representativa [Kitschelt 1993, 15].

Se ha dicho que la idea de democracia desarrollada por los movimientos sociales a partir de los años sesenta está basada en criterios de democracia directa, que rechaza el principio de delegación, visto como instrumento del poder oligárquico. Si en la democracia representativa la igualdad es formal (una cabeza, un voto), la democracia de los movimientos premia, en cambio, la intensidad de las preferencias, subrayando el papel de la participación. Si estos elementos se encuentran aún presentes en los movimientos contemporáneos –aunque templados por la reflexión autocrítica sobre la "tiranía de la ausencia de estructuras" [Freeman 1970], ligada a la dificultad para implementar aquellos principios, experimentos recientes, como los foros sociales, añaden a la tradicional concepción participativa de la democracia algunos elementos innovadores, explícita o implícitamente, relacionados con las concepciones de democracia deliberativa, comunicativa o discursiva, surgidos recientemente en la teoría normativa.

Los movimientos sociales contemporáneos se presentan mucho más reticulares con respecto a los del pasado, con identidades tolerantes y repertorios de acción múltiples. En el ciclo de protesta más reciente, que se ha hecho visible con las movilizaciones contra la OMC en Seattle en 1999, estas características se entrelazan con una dimensión transnacional, que ha llevado a hablar, efectivamente, de un movimiento por la justicia global [della Porta 2007].

En 1999, las manifestaciones contra el *Millennium Round* de la OMC en Seattle han puesto en marcha una nueva ola de "política en la calle". Habitualmente, de hecho, son organizadas manifestaciones de masas durante las contracumbres, definidas esta últimas como arenas de:

> [...] iniciativas de nivel internacional organizadas durante las cumbres oficiales y sobre los mismos temas, aunque desde un punto de vista crítico, generando consciencia a través de la protesta y la información, con o sin contactos con la versión oficial [Pianta 2002, 35].

Las protestas transnacionales se han multiplicado en los años siguientes y culminaron con los millones de personas que participaron del Día Internacional de protesta contra la guerra en Irak, el 15 de febrero de 2003 [della Porta y Diani 2004; Rucht y Walgrave 2010].

La protesta también estuvo relacionada con la construcción y el intercambio de conocimientos. En su estrategia, el movimiento ha asignado un valor notable a las habilidades y a los conocimientos alternativos, con el objetivo de construir una esfera pública global. La relevancia de la comunicación fue luego confirmada por la importancia que tuvo para el movimiento no sólo Internet, sino también temas que le son próximos, de los derechos de autor a la censura. La atención a competencias profesionales y a contraexpertos es típica de muchas asociaciones más formalizadas, pero también de los *think-tank* y de los medios alternativos del movimiento. En todos lados, una organización líder del movimiento por la justicia global como Attac se presenta como un movimiento para la educación de la gente, y el importante rol de los comités científicos es un indicio de la atención brindada al conocimiento alternativo.

Las campañas contra las minas antipersonales, el NAFTA o el AMI, las conferencias mundiales patrocinadas por la ONU y Jubileo 2000 han surgido como importantes oportunidades de agregación entre las organizaciones más institucionalizadas: ONG sobre desarrollo y derechos humanos, organizaciones sin fines de lucro religiosas y no religiosas, sindicatos de trabajadores y asociaciones ambientalistas más amplias. Las marchas europeas contra el desempleo y la exclusión social, las acciones de solidaridad con los zapatistas y los encuentros intergalácticos (en 1996 en Chiapas y en 1997 en España), así como, más adelante, las manifestaciones en Praga, Niza y Göteborg contra la UE, constituyeron, en cambio, momentos de interacción entre los grupos más radicales y los sindicatos más críticos.

El ciclo de protestas sobre cuestiones de justicia global, desarrollado durante los años dos mil, ha movilizado en cada país una pluralidad de redes activas sobre diversos temas. La red, estructura inclusiva ya típica de otros movimientos (especialmente de movimientos de mujeres y pacifistas), se ha desarrollado aquí en una versión aún más reticular. Las nuevas tecnologías de la comunicación –Internet en primer lugar– no sólo han reducido decisivamente los costos de movilización, permitiendo estructuras ágiles y flexibles, sino que también han facilitado interacciones transversales entre diferentes áreas y movimientos. La dimensión transtemática, así como transnacional, constituye *una* novedad en un panorama que parecía caracterizado por la especialización de los movimientos sociales sobre cuestiones particulares (de las mujeres a los ecologistas, de la paz al SIDA). Durante los años noventa, organizaciones provenientes de diferentes movimientos confluyeron en una serie de campañas de protesta, que muy a menudo no se limitaban a un solo país. *Netzwerke, reti, redes, coordinadora, bund, tavoli, forum*, son todos términos difundidos para designar a las nuevas organizaciones que no sólo han permitido la superposición de pertenencias a los activistas individuales, sino también la convergencia en estas organizaciones de diversos actores colectivos. Los foros sociales, en todas sus variantes, representan, de hecho, el intento de crear espacios abiertos para el encuentro de individuos y grupos diferentes.

Los activistas de las movilizaciones sobre la globalización son vistos, de hecho, como enraizados en una red muy densa de asociaciones, que van desde aquellas de corte católico a las ecologistas, del voluntariado social a los sindicatos, de la defensa de los derechos humanos a la emancipación de la mujer, frecuentemente con filiaciones múltiples en asociaciones de diverso tipo. El 97,6% de los manifestantes entrevistados en la movilización contra el G8 en Génova en 2001 declaró ser o haber sido un miembro de al menos una asociación, el 80,9% de al menos dos, el 61% de al menos tres, el 38.1% de al menos cuatro, el 22,8% de al menos cinco y el 12,6% de seis o más de seis [Andretta *et al.* 2002, 184]. También la investigación sobre los activistas del Foro Social Europeo, celebrado en Florencia en 2002 [della Porta *et al.* 2006], así como aquella sobre el cuarto Foro Social Europeo, celebrado en Atenas en 2006 [della Porta 2009b; también della Porta y Caiani 2009], confirman una alta densidad de filiaciones asociativas, múltiples y plurales.

Las entrevistas a grupos de activistas han revelado una percepción positiva de la "pluralidad del movimiento", donde la capacidad de inclusión de grupos e individuos diferentes es considerada como una parte fundamental de la identidad del movimiento. La fuerza del movimiento es identificada, de tal modo, con su capacidad para "crear una red" de asociaciones e "individuos". La red es definida como algo más que una sumatoria de grupos: es en la red que el activista "conocerá personas, estrechará sus relaciones, devendrá comunidad" [en Del Giorgio 2002, 92]. El objetivo se vuelve sobre todo facilitar las relaciones, construyendo una red de individuos y asociaciones –como ha observado un activista, "Una palabra que para mí es clave para una forma diferente de hacer política es el concepto de relación [...] es más importante la capacidad de forjar y amplificar las relaciones que el hacerlas descender desde el vértice" [*ibidem*, 252].

La investigación empírica muestra también, en los movimientos recientes, procesos de conexión (o conexión entre *frames*) a nivel transnacional y "transtemático". En los años ochenta y noventa los movimientos pasaron por un proceso de especialización en sus reclamos individuales. No sólo los nuevos movimientos sociales parecían haberse desarrollado en forma alejada de los sindicatos de trabajadores, sino que también dentro de los primeros, las organizaciones parecían haberse especializado en sub-temas sobre las que habían desarrollado conocimientos y competencias específicas.

Las cuestiones planteadas por el movimiento por la justicia global son múltiples. Las preocupaciones por el medio ambiente, los derechos de las mujeres, la paz, la desigualdad social siguen siendo características de los sub-grupos o de las redes en la movilización sobre la globalización. La definición de "movimiento de movimientos" enfatiza la supervivencia de preocupaciones específicas, y la no-subordinación de un conflicto frente a otros. La multiplicidad de las bases de referencia en términos de clase, género, generación, raza y religión parece haber dado lugar a un sentido de identidad, si no débil, ciertamente heterógeneo.

Las diferentes reivindicaciones de los diversos movimientos se pusieron en mutua relación, sin embargo, en un largo proceso de movilizaciones transnacionales. El movimiento por la justicia global se ha desarrollado a partir de las campañas de protesta sobre temas-puente (*broker issues*) que han conectado demandas e identidades de diversos movimientos y organizaciones. En Suiza la campaña contra la OMC ha visto converger *squatters* [okupas, *N. del T.*], activistas de derechos humanos y sindicatos de trabajadores. En Francia, la lucha contra los alimentos genéticamente modificados ha unido a campesinos y ecologistas; los movimientos de los "sin" ["*senza*", *N. del T.*] han hecho interactuar a los sindicatos de base con las organizaciones de desocupados, de *sans-papiers* [sin papeles, *N. del T.*] y de personas sin morada fija. El Jubileo 2000 ha unido ONG que trabajan sobre el tema del desarrollo con grupos religiosos de base. En el movimiento contra Maastricht en España (y más tarde en la campaña "50 años bastan"), los ecologistas y pacifistas se reunieron con los sindicatos. En Gran Bretaña, la oposición al *Criminal Justice and Public Order Act* ha involucrado a *travellers* [nómadas], *squatters*, *ravers* y ambientalistas, y en la campaña contra los despidos a los trabajadores portuarios éstos encontraron de su lado a la red de acción directa *Reclaim the Street*.

En todas estas campañas, fragmentos de diversas culturas –seculares y religiosas, radicales y reformistas, generaciones jóvenes y mayores– se han entrelazado en un discurso más amplio que ha asumido el tema de la injusticia social (y global) como aglutinante, dejando, al mismo tiempo, un amplio margen para profundizaciones independientes. A nivel transnacional, las preocupaciones locales y globales estuvieron conectadas con valores como la igualdad, la justicia, los derechos humanos, la protección del medio ambiente.

Plataformas, foros, coaliciones y redes han permitido un entendimiento mutuo y, a menudo, una recíproca comprensión. A pesar de que frecuentemente se han enfatizado el pluralismo y la diversidad, en el discurso del movimiento se ha desarrollado un *master frame* común en torno a la reivindicación de la justicia global y de una otra democracia. En paralelo, el enemigo ha sido identificado como la globalización neoliberal, que caracteriza no sólo las políticas de las organizaciones financieras internacionales (Banco Mundial, FMI y OMC), sino también las decisiones políticas de las derechas nacionales y, asiduamente, de los gobiernos de izquierda. Todos ellos son considerados los responsables de la creciente injusticia social y de sus efectos negativos sobre las mujeres, el medio ambiente, el sur del planeta, etc.

Igualmente común es el metadiscurso de la búsqueda de nuevas formas de democracia. Las mencionadas campañas de protesta han consolidado una fuerte demanda de participación política a la que los partidos ya no parecen capaces de responder. La protesta no sólo se ha desarrollado predominantemente por fuera de los partidos, sino que también ha expresado una fuerte crítica a las formas de democracia representativa. A pesar de un claro posicionamiento a la izquierda, de las *overlapping memberships* [superposición de membresías, *N. del T.*] entre partidos, movimientos y apoyo logístico a la protesta por parte de organizaciones de partido, la investigación confirma, sin embargo, fuertes tensiones entre los partidos y las organizaciones de los movimientos sociales. Si entre los activistas existe una gran confianza (y más o menos –desde un punto de vista espacial– homogénea) en los movimientos sociales y en las asociaciones voluntarias, en cuanto actores de una política "otra", en cambio, está presente una desconfianza en las instituciones de la democracia representativa y en los partidos, que refleja la percepción por parte de los activistas de que la "política desde abajo" se constituya como alternativa a la concepción de la política representada por los partidos.

La crítica a los partidos –sobre todo a aquellos potencialmente más cercanos– tiene que ver, incluso antes que con decisiones políticas concretas, con su concepción de la política como actividad para profesionales. Tal como surge de los *focus group* realizados con activistas de los foros sociales, la demanda de política coincide con una demanda de participación con respecto a partidos acusados de haberse convertido en burocracias sin participación. Estigmatizados como portadores de una idea de política profesional, los partidos son vistos, cuando mucho, como interesados en aprovechar electoralmente el movimiento, negando, sin embargo, su politicidad. Es sobre todo criticada la referencia, por parte de los dirigentes de los partidos, a:

> [...] un *movimiento prepolítico* que exige ser escuchado y luego traducido en un proyecto y programa político por los que hacen política en el sentido institucional de la palabra, desde las instituciones locales a aquellas parlamentarias, y esto es muy peligroso [...] el mismo hecho de que se insista tanto en decir que es un movimiento de jóvenes [...] recuerdo una entrevista con el alcalde de Florencia después del Social Forum, en la que dijo: "no se puede pedir a estos jóvenes expresar proyectos políticos, somos nosotros los que debemos interpretarlos" [cit. en della Porta 2007].

Poniendo su atención sobre el movimiento para una justicia global, la investigación Demos –"Democracia en Europa y movilización de la sociedad"[13]– ha demostrado que la cuestión de la democracia recupera centralidad, considerando algunos desafíos tanto externos como internos. En primer lugar, el movimiento por una justicia global reacciona a transformaciones profundas en los sistemas representativos que incluyen transferencias de poder del nivel nacional al nivel transnacional, así como del Estado al mercado [*ibidem*; cfr. también cap. 1]. La democracia interna es también particularmente relevante para un movimiento heterogéneo (que significativamente se define como un "movimiento de movimientos") que incorpora varios grupos sociales y generacionales, así como organizaciones de movimientos de diferentes países, activos en diferentes temáticas.

El análisis de los documentos de 244 organizaciones de movimientos ha demostrado que, entre los principales de estos documentos, en la mayoría se mencionan valores democráticos [della Porta 2009b]. La participación aparece como uno de los puntos de referencia principales en las perspectivas de la democracia dentro de las organizaciones de movimientos –no sólo de aquellas más "puras", sino también de los sindicatos y partidos políticos de izquierda–, definida como un valor específico por una tercera parte de los grupos analizados. Sin embargo, aparecen algunos otros principios, especificando (y diferenciando) la concep-

---

[13] Abarcando a Francia, Alemania, Gran Bretaña, Italia, España, Suiza y la dimensión transnacional, la investigación incluye el análisis de documentos y sitios web de cerca de 250 organizaciones del movimiento por una justicia global, entrevistas semiestructuradas con exponentes de estas organizaciones, una encuesta realizada aproximadamente a 1.200 participantes en el IV Foro Social Europeo (FSE) en Atenas en 2006 y la observación participada de algunas organizaciones de movimiento a nivel local [della Porta 2009a; 2009b; della Porta y Rucht en prensa].

ción tradicional de la democracia participativa. Democracia deliberativa, principio de rotación, mandato vinculante y otros límites a la delegación de poder se mencionan como valores organizacionales internos, incluso si no están muy difundidos (entre 6 y 11%). Las referencias al proceso decisional consensual y no jerárquico son más frecuentes (17 y 16%, respectivamente), así como también los reclamos a la inclusión y a la autonomía de las estructuras organizativas descentralizadas y de las organizaciones que adhieren a varias redes de movimientos (entre el 21 y el 29%). Si se presta atención a los valores democráticos en general, es notorio que la mitad de los documentos de la muestra se refieren a la pluralidad, la diversidad y la heterogeneidad como valores democráticos importantes, en un nivel muy cercano al de la participación tradicional. La igualdad se menciona en alrededor de un tercio de la muestra de documentos analizados y valores tales como la transparencia, la inclusión y la libertad individual ocupan alrededor de un cuarto de la muestra. Los valores de la democracia representativa son mencionados, en cambio, sólo por el 6% de las organizaciones consideradas.

La investigación muestra, sin embargo, la presencia conjunta, en el movimiento, de diferentes modelos de democracia. Los debates sobre qué democracia promover dentro y fuera del movimiento tienden a involucrar dos dimensiones principales. Antes que nada, las concepciones *participativas* que subrayan la inclusión de iguales, dando particular relevancia a la asamblea como órgano decisional abierto, contrastan con aquellas que se basan, en cambio, en la delegación de poderes a los representantes. Una segunda dimensión hace referencia al *consenso/deliberación*, distinguiendo las organizaciones que mencionan métodos decisionales que asignan un rol particular a la discusión pública, al bien común, a las argumentaciones racionales y a la trasformación de las preferencias. Estos aspectos están particularmente arraigados y valorizados por el método del consenso que pone el acento en el proceso decisional *en sí*, más que en los resultados de este proceso.

En varias secciones de la investigación Demos, se ha desarrollado, efectivamente, una tipología de formas democráticas de *decision-making* interno que cruza las dos dimensiones de participación (con respecto al grado de delegación de poder, inclusión e igualdad) y deliberación (con respecto al modelo de proceso decisional y a la calidad de la comunicación).

Analizando los principales documentos de las organizaciones de movimientos con el objetivo de identificar las visiones de democracia dentro y fuera del movimiento, hemos construido cuatro concepciones (o modelos) de democracia interna. En el modelo *asociativo*, la asamblea se compone de delegados –aun en aquellos casos en los que la asamblea está constituida por todos los miembros y que es definida como el órgano decisional principal– y la política cotidiana es llevada adelante por un comité ejecutivo; las decisiones se toman además a través del voto de la mayoría. Cuando, según los documentos seleccionados, los delegados toman decisiones sobre la base del consenso, hablamos de *representación deliberativa*. Pero cuando, en cambio, las decisiones son tomadas por mayoría en una asamblea que incluye a todos los miembros –y no existe algún comité ejecutivo– tenemos un modelo *asambleario*. Por último, tenemos un modelo de *participación deliberativa*, si el consenso y los procesos comunicativos basados en la racionalidad argumentativa son presentados como valores centrales junto con la participación de todos los miembros de la organización.

Como se puede observar en la Tabla 3.1, la mitad de las organizaciones que componen nuestra muestra sostiene una concepción asociativa de los procesos decisionales internos. Esto significa que –al menos formalmente– el modelo basado en la delegación y en el principio de mayoría está bastante difundido, tal como era predecible considerada la presencia en el movimiento por la justicia global de partidos, sindicatos y ONG. Esto es, sin embargo, sólo una parte de una imagen más compleja: el 14,6% de las organizaciones se presenta como asamblearias, habiendo enfatizado en los documentos analizados el rol central de la asamblea en un proceso decisional que permanece conectado a métodos agregativos como el voto y la negociación. En un cuarto de las organizaciones (26,4%), el elemento deliberativo se hace preponderante, con un 15,6% de ellas que aplican el consenso dentro de un modelo asociativo (representación deliberativa) y el 10,8% que lo combina con el modelo asambleario (participación deliberativa).

Tab. 3.1. Tipología de concepciones de democracia

Participación	Baja	Alta
	Modelo asociativo (%)	Modelo asambleario (%)
Bajo	Visiones 59.0	Visiones 14.6
	Prácticas 35.6	Prácticas 2.5
	Normas 19.1	Normas 35.9
Consenso	Representación deliberativa	Participación deliberativa
Alto	Visiones 15.6	Visiones 10.8
	Prácticas 32.7	Prácticas 29.2
	Normas 8.2	Normas 36.7

Nota: Visiones 212 casos; prácticas 184; normas 1055.
Fuente: della Porta [2009a; 2009b].

La búsqueda de un consenso interno se hace todavía más importante si nos movemos, como ya se hizo en otra parte de la investigación mencionada, desde los documentos a las narraciones de las prácticas de movimientos por parte de los representantes de las organizaciones estudiadas [*ibidem*]. Reconociendo, de hecho, que las constituciones y los documentos no siempre se cumplen en la actividad cotidiana, y que las prácticas son a menudo diferentes de las reglas, las informaciones obtenidas sobre la ideología de las organizaciones han sido enriquecidas con entrevistas sobre el funcionamiento de las mismas, tal como es percibido y reportado por sus portavoces. En esta sección la dimensión de la *participación/delegación* ha sido operacionalizada distinguiendo grupos caracterizados por el papel central de la asamblea en los procesos decisionales con respecto a todos los otros tipos de organizaciones (centradas en el ejecutivo, en los líderes, modelos mixtos, y así). En los casos que hemos podido clasificar (en el 4% de ellos no fue posible reunir información suficiente sobre el órgano decisional principal o sobre el método decisional), casi un tercio pertenece a la categoría representativa deliberativa, donde el principio de consenso se entrelaza con el de delegación. Otro 36% adopta un modelo asociativo, basado en el voto por mayoría y en la delegación, mientras que cerca del 30% de los grupos combina un método decisional consensual con el principio de participación (rechazo de delegación a una comisión ejecutiva). Sólo el 2,5% de las organizaciones seleccionadas combina el principio de delegación con el principio mayoritario (modelo asambleario). El hecho de que los encuestados tienden a destacar el consenso más de lo que lo hacen los mismos documentos de las organizaciones a las que pertenecen se puede explicar de varias maneras: los referentes podrían estar más actualizados y ser más precisos para describir el efectivo proceso decisional en sus grupos, o podrían querer dar una mejor imagen de sus organizaciones. Cualquiera sea la explicación, los valores de consenso son ampliamente propugnados por las organizaciones de movimiento.

Resultados similares surgen de un análisis de los modelos normativos de democracia propuestos a los activistas entrevistados en el cuarto Foro Social Europeo, celebrado en Atenas en 2006 (cfr. tabla 3.1). En una muestra de activistas, el porcentaje de apoyo a los modelos asociativos de democracia desciende aún más, a un quinto de la población considerada (N=1.055), y para los modelos de representación deliberativa alcanza sólo el 8,2%. Desde un punto de vista normativo, los participantes del FSE se ven atraídos, en cambio, tanto por el modelo asambleario como por el modelo deliberativo-participativo (alrededor de un tercio cada uno). Participación y deliberación se consideran, de este modo, valores fundacionales de "una otra democracia".

Si en el curso de la investigación se ha explicado la presencia de diversos modelos democráticos sobre la base de tradiciones, generaciones e ideologías de diferentes grupos e individuos, hemos notado, sin embargo, que algunos nuevos valores –como el consenso y el respeto a la diversidad– se están difundiendo transversalmente a través de las diferentes culturas organizativas presentes en el movimiento. Dado que los valores organizativos no son solamente herramientas, sino también fines en sí mismos [Polletta 2002], la cuestión de qué valores están conectados con determinadas visiones de la democracia adquiere relevancia. En efecto, ciertas investigaciones sobre organizaciones de movimientos sociales han puesto en evidencia que los valores de los activistas están vinculados a las fórmulas organizativas que eligen (por ejemplo, della Porta [2005a] sobre las identidades tolerantes) y lo mismo puede decirse de la coherencia entre valores organizativos relativos a la democracia y otros valores. Las organizaciones no *single-issue* tienden a invertir más en la participación de los miembros y las referencias a la justicia social tienden a ser acompañadas por visiones de democracia inclusivas e igualitarias.

Una innovación que presentan muchas de las organizaciones y de los activistas que participan en este movimiento, tiene que ver con una definición positiva –y a menudo estructurada institucionalmente– sobre la construcción de consenso en el proceso decisional. En particular, muchos grupos conectados al movimiento para una justicia global mencionan el consenso entre sus valores centrales. Documentos y entrevistas enfatizan las cualidades deliberativas del movimiento en cuanto creación de espacios abiertos [della Porta 2009a; 2009b]. La atención dada, por un lado, a la construcción del consenso y, por otro, al debate como dotado por sí mismo de un valor positivo, está en la raíz de la autodefinición de muchos grupos como arenas abiertas, espacios permanentes de encuentro, o "lugares que hacen posible un proceso de aprendizaje y experiencia, donde las distintas corrientes políticas progresistas discuten entre sí y encuentran una capacidad común para la acción" ("Attac Germany" 2001).

Algunos grupos llegan a elaborar normas específicas para un consenso basado en una comunicación horizontal y sobre la gestión de conflictos a través de herramientas que incluyen "una buena facilitación, distintas señales hechas con las manos, cambios de opinión y alternancia para la subdivisión en pequeños grupos y su reunificación en grupos más grandes" ("Dissent! – A Network of Resistance against the G8"). El papel de los facilitadores o moderadores es el de incluir en la discusión todos los puntos de vista, además de implementar las reglas para una buena discusión, partiendo del respeto de los tiempos de exposición para cada intervención hasta el mantenimiento de un clima constructivo. El método del consenso supone, de hecho, que:

> [...] durante el debate se debe evaluar el grado de apoyo de diversos miembros del grupo sobre un determinado asunto [...]. El debate continúa, con el objetivo de encontrar un punto de equilibrio entre las distintas opiniones a través de un método incremental orientado a encontrar una solución que satisfaga al mayor número posible de personas. El método del consenso invita a cada uno a comunicar las razones de cualquier desacuerdo, dejando en claro si está preparado para aceptar la decisión tomada sin abandonar el grupo. El método del consenso construye así 'acuerdo en el desacuerdo", desde el momento en que se coloca dentro de un acuerdo más general, basado en el respeto y la confianza recíprocas [de Porta et al. 2006, 53-54].

Así, por ejemplo, en *Rete Lilliput*, si una propuesta no obtiene el consenso de todos, la discusión continúa con el objetivo de encontrar una solución de compromiso. En la raíz de este proceso hay "confianza, respeto, reconocimiento de que cada cual tiene derecho a ser escuchado y de contribuir igualmente al proceso decisional, una unidad de intentos y un compromiso con el principio de la cooperación" ("Dissent! – A Network of Resistance against the G8 2008"). Un método de decisión consensual se considera, de hecho, coherente con los principios de la no-violencia y del respeto a las minorías [*ibidem*].

Estas prácticas y valores son promovidas de modo activo, por medio de una intensa difusión que logre atravesar varios países. La experiencia zapatista de consulta permanente es frecuentemente mencionada como una fuente de inspiración, como también lo es el Foro Mundial Social, cuya declaración fundamental tiende a reproducirse en los foros sociales macrorregionales y locales. La participación en campañas conjuntas colabora con un proceso de mutuo aprendizaje, mientras que los documentos sobre las reglas del método del consenso, escritos por las organizaciones más comprometidas con el tema, son traducidos a varios idiomas y son organizados *stages*.

La referencia al consenso está particularmente presente en las organizaciones más pequeñas en cantidad de afiliados y recursos materiales, con estructuras asamblearias y una posición fuertemente crítica hacia la delegación de poder, además de tener una estructura reticular laxa. El método del consenso también está más presente en las organizaciones creadas más recientemente, así como en los grupos transnacionales.

Si bien existe un difundido aprecio del método del consenso, sin embargo, hay dos concepciones diferentes sobre el mismo. Una concepción *plural* de consenso a través del diálogo que habitualmente caracteriza a las organizaciones más reticulares (redes de grupos e individuos) donde el consenso se considera funcional a la preservación de la naturaleza plural del movimiento. En campañas de protesta que involucran muchos y variados grupos, esto permite trabajar sobre lo que une, respetando, sin embargo, las diferencias. Desde este punto de vista, la necesidad del consenso está conectada a una apreciación positiva de la diferencia, en combinación con una visión inclusiva.

Diferente es la concepción *comunitaria* del consenso como forma de hacer emerger una suerte de esencia del grupo. A menudo el consenso aquí está conectado con los métodos de decisión asamblearia con particular atención a la acción directa, la autoorganización y la autonomía. La visión de democracia aquí referida es anti-jerárquica y horizontal, inserta en prácticas de democracia directa, y orientada a evitar la creación de relaciones de poder. Las prácticas de consenso son apreciadas por su capacidad para lograr el cambio social, no sólo a través de decisiones políticas, sino también por medio de una profunda transformación de la vida cotidiana [della Porta 2009a]. La preferencia por la discusión con respecto al voto está vinculada a una concepción de la política prefigurativa: mientras:

> [...] las prácticas de consenso están orientadas al fortalecimiento de los lazos, de la confianza, comunicación, comprensión, por otro lado, el proceso decisional basado en el voto crea bloques de poder, juegos de poder, y estrategias hegemónicas, excluidos e incluidos, jerarquías, reproduciendo aquellos valores a los que nos oponemos [...] Tenemos la posibilidad de redefinir lo que es la democracia para nosotros mismos y de hacer de ella un ejemplo viviente para los demás (London Social Forum 2003).

En conclusión, tanto en las instituciones como en los movimientos sociales han sido experimentadas concepciones de democracia deliberativa. Las cualidades deliberativas de la democracia suelen estar íntimamente vinculadas con aquellas de participación, desafiando las concepciones minimalistas de la democracia liberal.

Democracia virtual, democracia global

Diferentes concepciones de democracia son, por lo tanto, discutidas en la teoría y experimentadas en la práctica. Los desafíos a la concepción liberal, considerada durante mucho tiempo como hegemónica, ponen (o vuelven a poner) la atención sobre los modelos participativos y/o deliberativos de democracia. Las instituciones se desarrollan, encontrando diferentes equilibrios entre diferentes cualidades democráticas.

En estas conclusiones, veremos cómo estas diversas concepciones se han entrelazado en dos debates recientes: el de la contribución potencial de las nuevas tecnologías al desarrollo democrático, y el de las perspectivas de una democracia global.

Nuevas tecnologías y democracia

Al igual que otras tecnologías relacionadas con la comunicación, Internet influencia el comportamiento de los individuos y de las organizaciones, interviniendo sobre todo en las modalidades de interacción individuales y colectivas. Incluso más que respecto a otros medios de comunicación –prensa gráfica, correo, telégrafo, radio, televisión, fax, etc.– parece que de Internet se esperan transformaciones tan relevantes como para requerir nuevos conceptos. Sólo en el campo de las interacciones entre los ciudadanos y el Estado se introdujeron ya términos como *e-participation* (es decir, la posibilidad de expresar opiniones políticas on-line), *e-governance* (o sea, la puesta *on-line* de una serie de posibilidades de acceso a informaciones y servicios públicos), el *e-voting* y el *e-referendum* (esto es, la posibilidad de participar en las elecciones y *referendum on-line*). Estas serían todas especificaciones de una transformación más general que la electrónica llevaría adelante sobre la concepción de la democracia: hasta llegar a promover una *e-democracy*, definida como el incremento de las oportunidades de participación política de los ciudadanos por efecto de Internet [Rose 2005].

Efectivamente, la atención a la relación entre Internet y democracia ha crecido junto con la rápida difusión de las tecnologías que se encuentran relacionadas: de cuarenta computadoras de los centros de investigación estadounidenses conectados entre sí en 1972 a los cerca de noventa y tres millones de *hosts* del 2000, a los que se pueden conectar cuatrocientos siete millones de personas [Zittel 2003, 2] y casi la mitad de los ciudadanos europeos clasificados como usuarios de Internet en 2005 (según la Internet World Stats). Si bien el campo de la investigación en Internet ha sido definido como en plena expansión en la actualidad, sin embargo, "el debate sobre la *e-democracy* es percibido como dominio de tecno-maníacos y soñadores utópicos" [*ibidem*].

Al igual que con otras tecnologías, las opiniones sobre las ventajas y desventajas de las innovaciones recientes han estado por largo tiempo polarizadas entre visiones apocalípticas e integradas, o por lo menos entre posiciones escépticas y entusiastas. El potencial de Internet para mejorar la calidad de la democracia fue discutido junto con sus implementaciones concretas. Desde este punto de vista, el debate sobre Internet se entrelazó con el de las diferentes cualidades de la democracia (liberal, participativa, deliberativa) hasta aquí discutidas.

En lo que hace a la *democracia liberal*, se ha sostenido que el uso de las nuevas tecnologías digitales puede mejorar la comunicación entre ciudadanos y funcionarios electos. Los sitios de funcionarios y políticos contribuirían a informar mejor a los votantes, y al mismo tiempo a proporcionar un mayor *feed-back* a los candidatos electos. Mediante la descentralización de la comunicación, Internet debería hacer que las autoridades sean más accesibles para los ciudadanos. Aun así, desde el punto de vista del *input* en el sistema político, el *e-voting* podría aumentar la participación electoral. En lo que respecta a las políticas públicas, Internet debería aumentar la transparencia de las instituciones democráticas, facilitando además la colaboración entre las diversas agencias públicas. Aumentando la capacidad de los ciudadanos para elegir entre diferentes proveedores de servicios, la *e-governance* reduciría la discrecionalidad de los funcionarios públicos, garantizando así una mayor transparencia. Al mismo tiempo, la eficacia de la administración pública podría verse mejorada a través de una mayor flexibilidad en el acceso (tendencialmente, las 24 horas) y por la oportunidad de escuchar a los ciudadanos-usuarios.

Los estudios sobre la *e-governance*, sin embargo, pusieron de relieve también los límites para la implementación de la comunicación institucional a través de Internet. En cuanto al voto electrónico, a las incertidumbres respecto de su carácter secreto se suman las dudas sobre los efectos de la "desritualización" del voto en lugares privados (se habla ya de la votación en el supermercado), así como del crecimiento selectivo de las opotunidades de participar por parte de los más pudientes o educados. Sobre todo, se ha señalado que las nuevas tecnologías siguen siendo utilizadas de manera unidireccional, considerando al usuario como un sujeto pasivo. Además, tanto los parlamentarios como los funcionarios públicos tenderían a adoptar Internet, pero sin modificar el modelo de comunicación *top down* utilizado tradicionalmente por ellos. Si Internet crea oportunidades para una comunicación política interactiva, la capacidad de los políticos para utilizarla es limitada, no sólo por la disponibilidad de recursos económicos, sino sobre todo por los hábitos culturales predominantes [*ibidem*, 3].

En cuanto a la *democracia participativa*, a diferencia de lo que sucede con la televisión y otros medios de comunicación de alto costo, Internet ha sido presentado como una tecnología capaz de garantizar una expansión no sólo de los usuarios, sino también –y sobre todo– de los productores de información. Al ser horizontal, bidireccional e interactiva, la comunicación por Internet debería reducir las jerarquías ampliando la participación desde abajo [Bentivegna 1999; Warkentin 2001]. Las capacidades de expresarse se incrementarían en gran medida como efecto de un acceso directo a la distribución y producción de información. Internet sería un medio capaz de reducir las desigualdades políticas a diferentes niveles: incrementando los canales de información disponibles para los ciudadanos y, especialmente, facilitando la participación de aquellos que normalmente no tienen voz [Ayers 1999; Myers 2001].

Este efecto de reducción de las desigualdades, sin embargo, ha sido cuestionado por quienes creen que, al igual que otras tecnologías, también Internet favorece a quienes tienen una mayor riqueza de recursos individuales y colectivos [Margolis y Resnick 2000].

En este marco, la investigación sobre la brecha digital (el *digital divide*) ha subrayado cómo la desigualdad en el acceso a Internet interactúa con otras formas de desigualdad. Por lo que concierne al análisis *cross-nacional*, las tasas de acceso a Internet están, de hecho, relacionadas con los indicadores de recursos como la riqueza material (por ejemplo, Producto Interno Bruto) y las tecnologías de comunicación (difusión de teléfonos y computadoras personales) así como con algunas características de la administración pública [Rose 2005]. A nivel individual, las desigualdades sociales en el acceso a las nuevas tecnologías se han relacionado con características sociodemográficas específicas: el usuario de Internet tiende a ser hombre, joven, con una posición económica acomodada y con altos niveles de instrucción [Norris 2001]. Además, normalmente es más capaz de utilizar Internet quien ya está interesado en la política y es políticamente activo [*ibidem*].

Una tercera dimensión de democracia que es discutida a menudo en relación con Internet es la de la *democracia deliberativa*, para la que tiene especial importancia la calidad de la comunicación. Desde este punto de vista, Internet no sólo ha aumentado la cantidad de informaciones disponibles, sino también el pluralismo de las fuentes y de los contenidos. La facilidad para que entren en contacto individuos y grupos diversos también ha sido considerada como una condición previa para la comprensión y reconocimiento mutuos. Algunas investigaciones han confirmado que los usuarios de Internet tienen relaciones sociales más ricas asumiendo la hipótesis de que esto promueva el desarrollo de identidades abiertas y tolerantes [ver della Porta y Mosca en 2005 para una reseña del tema]. Diseminando informaciones alternativas y creando nuevos espacios abiertos para el debate, Internet ha sido visto como una herramienta para la construcción de una nueva esfera pública, abriendo oportunidades para el acceso a una instancia de estas características a activistas de los medios orientados a criticar, crear, redefinir formas y contenidos mediáticos.

Incluso en este caso, sin embargo, han surgido puntos de vista más escépticos sobre la calidad (y fiabilidad) de las informaciones disponibles en la web, así como sobre la capacidad de Internet para facilitar una comunicación que supere las barreras sociales e ideológicas [Sunstein 2003]. Si bien ha crecido definitivamente la cantidad de informaciones disponibles, la capacidad para buscarlas se distribuye de manera desigual. En cuanto a la calidad de la comunicación, las formas de deliberación *on* y *off-line* no parecen diferir mucho la una de la otra. Ha sido observada también una especie de "balcanización" de la comunicación virtual, con una tendencia de los usuarios de Internet a ponerse en contacto sólo dentro de grupos ideológicamente homogéneos [*ibidem*]: la sociedad de la información se vería caracterizada por "esferas públicas parciales", culturalmente homogéneas y limitadas a una élite de alfabetizados.

El debate sobre los efectos de Internet en términos de democracia también está vinculado a la reflexión sobre las explicaciones del desarrollo y de los efectos de la *e-democracy*. A partir de este punto de vista, al determinismo tecnológico a menudo subyacente al entusiasmo de nuevas tecnologías le han seguido análisis que han subrayado los filtros sociales, culturales y políticos que intervienen en la determinación del uso de la tecnología. Internet ofrece, de hecho, varias posibilidades tecnológicas, dejando abiertas opciones diversas. El uso de las tecnologías está filtrado por la concepción de la política de los diferentes actores [Zittel 2003]: la tecnología potencialmente disponible tiene poco que ver con la que se pone en práctica [Fountain 2001]. Con este objetivo es que ha sido enfatizado el papel de la política en la estimulación de la alfabetización telemática y en el diseño de instituciones que fomenten la *e-democracy*, es decir, que ayuden a direccionar la tecnología hacia el logro de fines democráticos [della Porta y Mosca 2005]. Si bien Internet necesita una reglamentación democrática, ha sido observado que, en contraste, su expansión ha coincidido con una fase de desregulación y comercialización de la comunicación, con la transformación de los ciudadanos en usuarios.

El desafío de la *governance* global

Las nuevas tecnologías han sido consideradas particularmente importantes para el desarrollo de una comunicación que vaya más allá de las fronteras nacionales. El debate acerca de las transformaciones de la democracia aparece como particularmente relevante en la reflexión sobre la globalización (cfr. también cap. 1). Un desarrollo democrático supranacional se considera algo cada vez más urgente frente a la evolución del sistema de las relaciones internacionales de un conjunto de Estados soberanos a un sistema compuesto por un entrelazamiento de autoridades multinivel, frecuentemente dotados de una legitimidad democrática dudosa.

Mientras "el descubrimiento de la interdependencia reduce la soberanía" [Badie 1999, 297], la globalización plantea una transnacionalización de las relaciones políticas. En la medida en que el contexto nacional sea todavía un filtro importante del impacto de los fenómenos supranacionales, la creciente interdependencia económica va acompañada de "una significativa internacionalización de la autoridad pública asociada a una correspondiente globalización de la actividad política" [Held y McGrew 2010, 27]. La globalización, efectivamente, ha aumentado el nivel de consciencia en cuanto al hecho de que se vive en *global commons* que no pueden ser defendidos sólo a nivel nacional, lo que contribuye a desafiar un modelo jerárquico basado en el control territorial [Badie 1999, 301].

Los efectos de estas evoluciones sobre la democracia son, cuando menos, ambiguos. Las organizaciones internacionales han contribuido a la difusión de normas supranacionales, que llevan a superar el principio de la soberanía de los Estados. Tal como ha sido notado en varias ocasiones, si todos los Estados fueran formalmente soberanos, en realidad:

> [...] la soberanía sólo implica el principio de independencia de una autoridad externa; no garantiza la igualdad de las capacidades o la independencia de las influencias externas de otros. En el sistema mundial contemporáneo ninguna autoridad oficial controla a los Estados, pero muchos de ellos sufren los condicionamientos de fuerzas poderosas, presiones e influencias *no oficiales* que se filtran a través de la presunta cáscara del Estado [Russet y Starr 1997, 115].

Si bien todos los Estados son jurídicamente iguales, algunos son "más iguales que otros" [*ibidem*].

En paralelo a las OGI ha crecido una sociedad civil que algunos han definido como "global". En particular, las organizaciones no gubernamentales (ONG) internacionales han crecido en número, recursos y reconocimientos. Desde principios de siglo hasta finales de los ochenta, el número de ONG internacionales ha pasado de 176 en 1909 a 5.500 para mediados de los años noventa [Princen 1994, 1; cfr. también Held y McGrew 2010, 35]. Las ONG son consideradas expresión de una sociedad civil que "cada vez más se representa globalmente, cruzando fronteras nacionales a través de la formación de instituciones globales" [Shaw, 1994, 650]. Siguiendo, más o menos explícitamente, los enfoques de relaciones internacionales que enfatizan la crisis de la nación y la multiplicación de los centros de decisión, muchos estudiosos de los movimientos de derechos humanos o de movimientos ambientales han comenzado a interesarse por su creciente influencia. Los estudiosos de las relaciones internacionales también han hablado de una "política cívica mundial" para referirse a "aquel componente de la vida asociativa que existe por encima del individuo y por debajo del Estado, así como también más allá de las fronteras nacionales" [Wapner 1995, 313]. Juntos a los Estados, diversos tipos de organizaciones no gubernamentales también son consideradas como actores importantes de una *multi-track diplomacy*, mientras que los enfoques *bottom up* han subrayado el papel de la participación local y de los movimientos de base en la política internacional [Princen 1994, 33]. Sobre todo, a partir de los años ochenta, se han multiplicado las organizaciones transnacionales de movimientos sociales –como Greenpeace, Amnesty International, Friends of the Earth o las Peace Brigades International. Parte del grupo mucho más amplio de las así llamadas organizaciones no gubernamentales, las organizaciones transnacionales de los movimientos sociales también han crecido en términos de número de unidades organizacionales, número de miembros y cantidad de recursos materiales disponibles para ellas.

Las arenas supranacionales, en relación a diversos problemas, constituyen un lugar de encuentro para varios tipos de organizaciones, que muchas veces se alían para apoyar objetivos compartidos por movimientos sociales específicos. Las ONG –y un nuevo público de referencia a ellas conectado: el público europeo, o el público global– representan también, cada vez con más frecuencia, espacios para la articulación de las reivindicaciones colectivas. En torno a temas tales como los derechos humanos o la igualdad entre los sexos, a menudo se forman alianzas entre organizaciones de movimientos sociales e instituciones gubernamentales internacionales. Conferencias patrocinadas por las Naciones Unidas

–tales como la Conferencia de las Naciones Unidas sobre el Medio Ambiente y el Desarrollo de 1992, la Conferencia sobre los Derechos Humanos de 1993, o las cuatro conferencias sobre mujeres en 1975, 1980, 1985 y 1995– han constituido importantes arenas para la intervención de organizaciones transnacionales de movimientos sociales. Mientras se cuentan 1.500 ONG acreditadas ante las Naciones Unidas, en 1993, 22.000 representantes de 9.000 ONG participaron en la Conferencia de las Naciones Unidas sobre el Medio Ambiente y el Desarrollo en Río de Janeiro. En los países en vía de desarrollo, gracias a sus conocimientos técnicos y sus contactos "sobre el terreno", las organizaciones no gubernamentales locales se han convertido en actores importantes en la distribución de los financiamientos provenientes de los países más desarrollados. A fines de los años ochenta, entre el 10% y el 15% de los fondos para la asistencia al desarrollo de los países de la OCDE fueron canalizados a través de ONG con oficinas en los países más desarrollados [*ibidem*, 34].

En todo caso, la formación de una sociedad civil global no es suficiente para la democratización de la política internacional. Según Habermas [2001, 109-110], en una constelación posnacional la democracia debe asumir una forma federal:

> [...] a diferencia de un Estado, ella [la democracia] tiene que encontrar una base de legitimación menos exigente en las formas de organización de un sistema internacional de negociación [...] En general, los procedimientos y acuerdos requieren una suerte de compromiso entre actores independientes que tienen la capacidad de imponer sanciones para hacer que sus respectivos intereses queden afirmados.

Varias teorías normativas se han propuesto sugerir instituciones políticas que puedan hacer frente a esta tarea dado que, como se ha observado recientemente, "La democracia o es global, o no es tal" [Marchetti 2008, 1]. Sobre todo, se ha reconocido que las concepciones democráticas que operan a nivel nacional son difíciles de adaptar al nivel supranacional. Los dos principales desafíos están vinculados con la construcción de identidades e instituciones globales.

Si un enfoque comunitario sobre la democracia parece de difícil aplicación a poblaciones culturalmente cada vez más heterogéneas [Archibugi 1998, 206], es justamente el debilitamiento de la referencia a una "comunidad de destino prepolítica" lo que hace fundamental la participación ciudadana.

La propuesta de normativas elaboradas en torno al concepto de democracia cosmopolita postula, de hecho, una participación directa de los ciudadanos en instituciones de democracia global. La democracia requiere:

[...] el desarrollo de capacidades administrativas y de recursos políticos independientes a nivel (macro)regional y global como complemento necesario de los correspondientes a la política local y nacional [...] Una democracia cosmopolita no apela a una reducción de los poderes y de la capacidad del Estado. Por el contrario, ella pretende afianzar y desarrollar instituciones democráticas a nivel regional y global como complemento necesario de aquellas presentes a nivel del Estado nación [Held 1998, 24].

Como proyecto orientado al desarrollo de la democracia dentro de los estados y entre ellos, así como también a nivel global, la democracia cosmopolita implica la existencia de instituciones globales donde los ciudadanos son vistos como individuos "habitantes del mundo", más que como parte de un Estado-nación. El supuesto básico es que:

[...] si algunas cuestiones globales deben abordarse según criterios democráticos, tiene que haber una representación política para los ciudadanos en los asuntos globales, que sea independiente y autónoma con respecto a su representación política en los asuntos locales [Archibugi 1998, 211-212].

Las instituciones globales deben, por lo tanto, actuar de modo tal que la voz de los individuos sea escuchada a nivel global, independientemente de su resonancia a nivel nacional.

En esta visión, la *democracia cosmopolita* requiere no sólo estados democráticos, sino también instituciones democráticas supranacionales. Algunas propuestas concretas han sido presentadas con el fin de democratizar la principal de entre las organizaciones internacionales, es decir, las Naciones Unidas, por medio de la creación de una segunda cámara electiva, mayores reconocimientos a las organizaciones de la sociedad civil y *referendum* transnacionales y la representación en la asamblea general no sólo de los gobiernos sino también de la oposición [Archibugi 1998, 221]. Junto a estas propuestas, también se sugirió una reelaboración del equilibrio de poder de los estados y una subordinación de las instituciones financieras internacionales a la asamblea general [Held 1998, 25].

La concepción de una *democracia global* subraya incluso aún más la importancia de maximizar la participación de los ciudadanos en todos los diferentes niveles del proceso decisional como única manera de superar "la crucial patología de la exclusión política", refiriéndose especialmente a la exclusión transnacional [Marchetti 2008, 2]. En sistemas que atenúan los lazos entre quien toma las decisiones y quien paga los costos de las mismas, la participación de los ciudadanos en las instituciones democráticas globales refleja no sólo la noción fundamental de inclusión democrática de quienes pagan los costos de las decisiones bajo control de quienes las toman, sino también nociones de justicia [*ibidem*, 21 ss.].

Si estas propuestas pueden parecer demasiado moderadas, o viceversa demasiado extremas y utópicas, de todas formas, señalan la necesidad percibida de dar respuesta a los desafíos de la globalización con una democratización de las instituciones internacionales. De manera más general, ponen de relieve que los procesos de globalización económica, social y cultural producen conflictos que politizan las instituciones internacionales, con efectos sobre su legitimidad y eficiencia (percibida).

A lo largo de este libro, he examinado los desafíos y oportunidades que implican las diferentes concepciones de la democracia.

La evolución de los regímenes democráticos ha visto hibridarse a los principios liberales con otras concepciones de democracia. Esta última ha sido sostenida, por un lado, a través de reivindicaciones de los movimientos sociales y, por otro, por el intento por parte de las instituciones de encontrar soluciones en términos de legitimación y eficacia a los desafíos percibidos. Así, concepciones y prácticas participativas y deliberativas se han desarrollado, incluso a nivel institucional. Al interior de una concepción de "gobierno con el pueblo" [Schmidt 2006, 6], los experimentos de democracia participativa y deliberativa en los procesos decisionales públicos se han desarrollado como medios para incrementar la participación ciudadana, crear arenas comunicativas de alta calidad y dar poder a los ciudadanos. También tienen como objetivo superar las soluciones parciales recientemente desarrolladas para hacer frente a las debilidades de la democracia representativa. Los modelos tecnocráticos de democracia, que asumen la existencia de objetivos consensuales (tales como el desarrollo económico) a ser alcanzados por medio de expertos o de la burocracia, son acusados de quitar poderes a los ciudadanos (y alienarlos) [Sanderson 1999]. La democracia mediática, con una legitimación filtrada a través de los medios de comunicación masiva, ha facilitado las apelaciones populistas, mientras que la comercialización del sistema de medios redujo su capacidad para promover informaciones y debate crítico. El desarrollo de cualidades democráticas de participación y deliberación parece, en cambio, necesario, aunque no suficiente, para hacer frente a los desafíos de la democracia liberal.

Referencias bibliográficas

ABERS, R.N. 2000. *Inventing Local Democracy*, Boulder, Lynne Rienner.
——— 2003. *Reflections on what makes empowered participatory governance happen*, in Fung e Wright [2003, 200-207].
AKKERMAN, T., HAJER, M. E GRIN, J. 2004. *The interactive state: Democratisation from above?*, in "Political Studies", 52, pp. 82-95.
ALFONSIN, B. E ALLEGRETTI, G. 2003. *Dalla gestione consensuale alla riprogettazione condivisa del territorio*, in D. della Porta L. Mosca (a cura di), *Globalizzazione e movimenti sociali*, Roma, Manifestolibri, pp. 121-153.
ALLEGRETTI, U. 2002. *Stato e diritti nella mondializzazione*, Troina, Oasi.
ANDRETTA, M., DELLA PORTA, D., MOSCA, L. E REITER, H. 2002. *Global, no-global, newglobal. Le proteste di Genova contro il G8*, Roma-Bari, Laterza.
ARCHIBUGI, D. 1998. *Principles of cosmopolitan democracy*, in D. Archibugi, D. Held, M. Kohler (a cura di), *Re-imagining Political Community. Studies in Cosmopolitan Democracy*, Cambridge, Polity Press, pp. 198-229.
ARENDT, H. 1991. *La crisi della cultura: nella società e nella politica*, in *Trapassato e futuro*, Milano, Garzanti.
A NSTEIN, S.R. 1969. *A ladder of citizen participation*, in "Journal of the American Institute of Planners", 35, 4, pp. 216-224.
AYERS, J.M. 1999. *From the streets to the Internet: The cyber-diffusion of contention*, in "The Annals of the American Academy of Political and Social Science", 566, pp. 132-143.
BACCARO, L. E PAPADAKIS, K. 2004. *The downside of deliberative public administration*, paper presentato alla Conferenza *Empirical Approaches to De-liberative Politics*, EUI/Swiss Chair, Firenze, 21-22 mag-gio.
BACHRACH, P. 1975. *Interest, participation and democratic theory*, in R. Pen-nock e J. Chapman (a cura di), *Nomos XVI, Participation in Politics*, New York, Lieber-Atherto, pp. 39-55.
BACHRACH, P. E BARATZ, M.S. 1986. *Le due facce del potere*, Padova, Liviana.
Badie, B.
——— 1999. *Un monde sans souveraineté*, Paris, Fayard. Baiocchi, G.

—— 2001. *Participation, activism, and politics: The Porto Alegre ex-periment an deliberative democratic theory*, in "Politics and Society", 29, 1, pp. 43-72.

BARBER, B. 2004. *Strong Democracy*, Berkeley, Universi y of California Press.

BARISIONE, M. 2007. *L'immagine del leader. Quanto conta per gli elettori?*, Bologna, Il Mulino.

BARNES, S. *et al.* 1979. *Political Action: Mass Parti ipation in Five Democracies*, London, Sage.

BECK, U. 1999. *Che cos'è la glo alizzazione: rischi e prospettive della so-cietà planetaria* (997), Roma, Carocci.

BEETHAM, D. 1999. *Democracy and Human Rights*, Cambridge, Polity Press.

BENDIX, R. 1964. *Nation Building and Citizenship*, New York, Wiley & Son.

BENHABIB, S. 1996. *Toward a deliberative model of democratic legitimacy*, in Id. (a cura di), *Democracy and Difference: Contesting the Boundaries of the Political*, Princeton, Princeton University Press, pp. 67-94.

BENTIVEGNA, S. 1999. *La politica in rete*, Roma, Meltemi. Bishop, P. e Davis, G.

—— 2002. *Mapping public participation in policy choice*, in "Australian Journal of Public Administration", 61, 1, pp. 14-29.

BLATRIX, C. 2003. *The changing French democracy. Patchwork participatory democracy and its impact on political participation*, paper presentato alla ECPR Joint Sessions of Workshops, Edinburgh, 28 marzo-2 aprile, disponibile su: www.essex.ac.uk/ECPR/events/jointsessions/paperarchive/edinburgh/ws22/Blatrix.pdf.

BLAUG, R. 2002. *Engineering democracy*, in "Political Studies", 50, pp. 102-116.

BLONDIAUX, L. 2000. *La démocratie par le bas. Prise de parole et délibération dans les assemblées de quartier du XXᵉ arrondissement de Paris*, in "Hermès-Communication, cognition, politiq e", 26-27, pp. 323-338.

BOBBIO, L. E ZEPPETELLA, A. 1999. *Perché proprio qui? Grandi opere e opposizioni locali*, Mi-lano, Angeli.

BOBBIO, N. 1983. *Democrazia*, in N. Bobbio, N. Matteucci e G. Pasquino (a cura di), *Dizionario di politica*, Torino, UTET.

BOHMAN, J. 1996. *Public Deliberation, Pluralism, Complexity and Democracy*, Cambridge, Mass., The MIT Press.

—— 1997. *Deliberative democracy and effective social freedom. Capabilities, resources, and opp rtunities*, in J. Bohman e W. Rehg (a cura di), *Deliberative Democracy, Essays on Reason and Politics*, Cambridge, Mass., The MIt Press, pp. 321-348.

—— 1998. *The coming age of deliberative democracy*, in "Journal of Political Philosophy", 6, 4, pp. 399-423.

BOLI, J. E THOMAS, G.M. 1999. *Constructing the World Culture: International Nongovern mental Organizations since 1875*, Stanford, Stanford University Press.

BOURDIEU, P. 1998. *Acts of Resistance. Against the New Myths of our Time*, Cambridge, Polity Press.

CALHOUN, C. 1982. *The Question of Class Struggle: Social Foundation of Popular Radicalism during the Industriai Revolution*, Oxford, Blackwell.

CALISE, M. 2010. *I partiti e lo stato democratico*, in A. Pizzorno (a cura di), *La democrazia di fronte allo stato democratico*, Milano, Feltrinelli, pp. 299-324.

CAMPUS, D. 2006. *L'antipolitica al governo. De Gaulle, Reagan e Berlusconi*, Bologna, Il Mulino.

CHAMBERS, S. 2003. *Deliberative democratic theory*, in "Annual Review of Political Science", 6, pp. 307-326.

CINI, L. 2010. *Società civile e democrazia radicale*, Tesi di Laurea, Università di Firenze.

COHEN, J. 1989. *Deliberation and democratic legitimacy*, in A. Hamlin e Ph. Pettit (a cura di), *The Good Polity. Normative Ana y-sis of the State*, Oxford, Basil Blackwell, pp. 17-34.

COHEN, J. E ROGERS, J. 2003. *Power and reason*, in Fung e Wright [2003, 237-258]. Collier, D. e Levitsky, S.

—— 2009. *Democracy: Conceptual hierarchy in compa ative research*, in D. Collier e J. Gerring (a cura di), *Concepts and Me-thod in Social Science. The Tradition of Giovanni Sartori*, London, Routledge, pp. 269-288.

COMMISSION OF THE EUROPEAN COMMUNI IES. 2001. *European Governance. A Wh te Paper*, Brussels, disponi-bile su: http://europa.eu.int/eur-lex/en/com/cnc/2001/com2001_0428en01.pdf.

CONFÉRENCE DES CITOYENS. 2002. *Changements climatiques et citoyenneté. Rapport officiel du panel de citoyens, avis et recommandations des citoyens à l'issue des débats des 9 et 10 février 2002*, disponibile su: www.ademe.fr/entreprises/polluants/themes/problemati-ques/contenus/rapportconfcitoyens.pdf.

COSTA, P. 2010. *Democrazia e diritti*, in A. Pizzorno (a cura di), *La democrazia di fronte allo stato democratico*, Milano, Feltrinelli, pp. 1-48.

COTTA, M. 1990. *Rappresentanza politica*, in N. Bobbio, N. Matteucci e G. Pasquino (a cura di), *Dizionario di politica*, Torino, UTET, pp. 929-934.

COUNCIL OF EUROPE. 2001. *Draft recommendation of the Committee of Ministers to member states on "Participation of citizens in local pub-lic life" and a draft explanatory report*, Doc. 9172, 9 July, disponibile su: http://assembly.coe.int/Documents/WorkingDocs/doc01/EDOC9172.htm.

CROUCH, C. 2003. *Postdemocrazia*, Roma-Bari, Laterza.

——— 2010. *Democracy and the economy*, in A. Pizzorno (a cura di), *La democrazia di fronte allo stato democratico*, Milano, Feltrinelli, pp. 181-192.

CROZIER, M., HUNTINGTON, S. E WATANUKI, J. 1975. *The Crisis of Democracy*, New York, New York University Press.

DAHL, R.A. 1970. *After the Revolution? Authority in a Good Society*, New Haven, Yale University Press.

——— 1980. *Poliarchia, partecipazione e opposizione*, Milano, Angeli. 1989 *Democracy and its Critics*, New Haven, Yale University Press.

——— 1994. *The New American Political (dis)Order*, B rk ley, Institute of Governmental Studies.

——— 2000. *Sulla democrazia* (1998), Roma-Bari, Laterza.

——— 2006 *Political Equality*, New Haven, Yale University Press. Dalton, R.J.

——— 2000. *Value change and democracy*, in S. Pharr e R. Putnam (a cura di), *Disaffected Democraci s*, Princeton, Princeton University Press.

——— 2004. *Democratic Challenger, Democratic Choices. The Erosion of Political Support in Advanced Industrial Democracies*, Oxford, Oxford University Press.

DALTON, R.J. E WATTEMBERG, M.P. (a cura di). 2000. *Parties without Partisans*, Oxford, Oxford University Press. Del Giorgio, E.

——— 2002. *I figli dei Fori. Rapporto di ricerca*, Firenze, EUI. della Porta, D.

——— 1995. *Social Movements, Political Violence and the State*, Cambridge-New York, Cambridge University Press.

——— 1996. *Movimenti collettivi e sistema politico in Italia, 1960-1995*, Roma-Bari, Laterza.

——— 2005a. *Making the polis: Social forums and democracy in the global justice movements*, in "Mobilization", 10, 1, pp. 73-94.

——— 2005b. *Deliberation in movement: Why and how to study deliberative democracy and social movements*, in "Acta politica", 40, pp. 336-350.

——— 2007. (a cura di), *The Global Justice Movement. Cross-National and Transnational Perspectives*, Boulder-London, Paradigm Publishers.

——— 2008. *I partiti politici*, 3ª ed., Bologna, Il Mulino.

——— 2009a. (a cura di), *Another Europe*, London, Routledge.

——— 2009b. (a cura di), *Democracy in Social Movements*, London, Palgrave.

——— 2010. *Movimenti sociali e stato democratico*, in A. Pizzorno (a cura di), *La democrazia di fronte allo stato democratico*, Milano, Feltrinelli, pp. 193-233.

DELLA PORTA, D., ANDRETTA, M., MOSCA, L. E REITER, H. 2006. *Globalization from Below: Transnational Activists and Protest Networks*, Minneapolis, The University of Minnesota Press.

DELLA PORTA, D. E CAIANI, M. 2009. *Social Movements and Europeanization*, Oxford, Oxford, University Press. della Porta, D. e Diani, M.

—— 2004. *Movimenti senza protesta? L'ambientalismo in Ita a*, Bologna, Il Mulino.

—— 2006. *Social Movements. An Introduction*, Oxford, Blackwell. della Porta, D. e Gbikpi, B.

—— 2008. *La partecipazione nelle istituzioni: concettualizzare gli esperimenti di democrazia deliberativa e partecipativa*, in "Partecipazione e conflitto", 0, pp. 15-42. DELLA PORTA, D. E MOSCA, L.

—— 2005. *Global-net for global movements? A network of networks for a movement of movements*, in "Journal of Public Policy", 25, 1, pp. 165-190. della Porta, D. e Rucht, D. in stampa *Meeting Democracy*, Cambridge, Cambridge University Press.

DELLA PORTA, D. E TARROW, S. (a cura di). 2005. *Transnational Protest and Global Activism*, New York, Rowman and Littlefield.

DEZALAY, Y. E GARTH, B.G. 1996. *Dealing with Virtue. International Commercial Arbitra-tion and the Construction of a Transnational Legal Order*, Chicago, The University of Chicago Press.

DIAMANTI, I. 2007. *La democrazia degli interstizi. Società e partiti in Europa dopo la caduta del Muro*, in "Rassegna italiana di sociologia", 48, pp. 387-412.

DIAMOND, L.J. E GUNTHER, R. (a cura di). 2001. *Political Parties and Democracy*, Baltimore-London, The Johns Hopkins University Press.

DIAMOND, L.J. E MORLINO, L. (a cura di). 2005. *Assessing the Quality of Democracy*, Baltimore, The Johns Hopkins University Press.

DORE, R. 1998. *A chi giova la convergenza?*, in S. Berger e R. Dore (a cura di), *Differenze nazionali e capitalismo globale*, Bologna, Il Mulino, pp. 241-251.

—— 2010. *The dynamics of economic change and what it means for the democratic state*, in A. Pizzorno (a cura di), *La democrazia di fronte allo stato democratico*, Milano, Feltrinelli, pp. 165-180.

DOWNING, J. 1984. *Radical Media. The Political Experience of Alternative Communication*, Boston, South End Press.

DRYZEK, J.S. 2000a. *Discursive democracy vs. liberal constitutionalism*, in M. Saward (a cura di), *Democratic Innovation, Deliberation, Representation and Association*, London-New York, Routledge e ECPR, pp. 78-89.

—— 2000b. *Deliberative Democracy and Beyond: Libe als, Critics and Contestations*, Oxford, Oxford Univers y Press.

DUVERGER, M. 1953-54. *Les parties politiques. L'organisation des parties*, cicl., ora in parte in G. Sivini (a cura di), *Sociologia dei partiti politici*, Bologna, Il Mulino, 1971, pp. 109-141.

EDER, K. 2010. *The transformation of the public sphere and their impact on democratization*, in A. Pizzorno (a cura di), *La democrazia di fronte allo stato democratico*, Milano, Feltrinelli, pp. 247-283.

ELSTER, J. 1997. *The market and the forum: Three varieties of political theory*, in J. Bohman e W. Rehg (a cura di), *Deliberative Democracy. Essays on Reason and Politics*, Cambridge, Mass., The MIT Press, pp. 3-33.

—— 1998. *Deliberation and constitution making*, in Id. (a cura di), *Deliberative Democracy*, Cambridge, Cambridge University Press, pp. 97-122.

ENQUETE-KOMMISSION "Zukunft des bürgerschaftlichen Engagements" des Deutschen Bundestages

—— 2002. *Auf dem Weg in eine zukunftsfähige Bürgergesellschaft*, Opladen, Leske-Budrich, disponibile su: http://dip.bun-destag.de/btd/14/089/1408900.pdf. Epstein, J.A.

—— 1994. *Radical Explression. Political Language, Ritual, and Symbol in England, 1790-1850*, Oxford, Oxford University Press.

EVANS, R.J. (a cura di). 1989. *Kneipengespraeke im Keiserreich. Stimmungsberichte der Hamburger Politische Polizei 1892-1914*, Hamburg, Ro-RoRo.

EVANS, S. E BOYTE, H. 1986. *Free Spaces. The Sources of Democratic Changes in America*, New York, Harper and Row.

FEREJOHN, J. 2000. *Instituting deliberative democracy*, in I. Shapiro e S. Macedo (a cura di), *Designing Democratic Institutions*, New York-London, New York University Press, pp. 75-104.

FERRARESE, M.R. 2000. *Le istituzioni della globalizzazione. Diritto e d r tti nella società transnazionale*, Bologna, Il Mulino.

FISCHER, F. 2003. *Citizens and experts, democratizing policy deliberation*, in Id. (a cura di), *Reframing Public Pol cy. Discursive Poli-tics and Deliberative Practices*, New York, Oxford University Press, pp. 205-220.

FISHKIN, J. 1997. *The Voice of the People*, Durham, Duke University Press. 2003 *Consulting the public through deliberative polling*, in "Journal of Policy Analysis and Management", 22, 1, pp. 128-133. Fitzpatrick, T.

—— 2002. *The two paradoxes of welfare democracy*, in "International Journal of Social Welfare", 11, pp. 159-169.

FLYVBJERG, B. 1998. *Habermas and Foucault: Thinkers for civil society?*, in "The British Journal of Sociology", 49, pp. 211-233.

FONT, J. (a cura di). 2003. *Public Participation and Local Governance*, Barcelona, ICPS.

FOUNTAIN, J. 2001. *Building the Virtual State: Information Technology and Institutional Change*, Washington, Brookings Institute Press.

FRANKLIN, M.N. E VAN DER EIJK, E. 2004. *Voter Turnout and the Dynamics of Electoral Competition in Established Democracies since 1945*, Cambridge-New York, Cambridge University Press.

FRASER, N. 1997. *Justice Interruptus*, London, Routledge.

FREEDOM HOUSE. 2008. *Freedom in the World*, New York. Freeman, J.

—— 1970. *The Tyranny of the Structurelessness*, disponibile su http://flag.blackened.net/revolt/hist_texts/structureles-sness.html, accessed 28 October 2008.

FUNG, A. 2003. *Deliberative democracy, Chicago style: Grassroots governance in policing and public education*, in A. Fung e E.O. Wright (a cura di), *Deepening Democracy. Institutional Innovations in Empowered Participatory Governance*, London-New York, Verso, pp. 111-143.

FUNG, A. E WRIGHT, E.O. 2001. *Deepening democracy, innovations in empowered participatory governance*, in "Politics and Society", 29, 1, pp. 5-41.

—— 2003. (a cura di), *Deepening Democracy. Institutional Innovations in Empowered Participatory Gove nance*, London-New York, Verso.

GOODIN, R.E. 2003. *Reflective Democracy*, Oxford, Oxford University Press. Gret, M. e Sintomer, Y.

—— 2005. *The Porto Alegre Experiment: Learning Lessons for Better Democracy*, London, Zed Books.

GUTMANN, A. E THOMPSON, D. 1996. *Democracy and Disagreement*, Cambridge, Harvard University Press.

HABERMAS, J. 1988. *Storia e critica dell'opinione pubblica* (1962), Roma-Bari, Laterza.

—— 1996. *Be ween Facts and Norms. Contribution to a Discursive Teory of Law and Democracy*, Cambridge, Mass., The MIT Press.

—— 1997. *Teoria dell'agire comunicativo*, Bologna, Il Mulino, 2 voll.

—— 2001. *The Postnational Constellation*, Cambridge, Polity Press. Hajer, M. e Wagenaar, H. (a cura di)

—— 2003. *Deliberative Policy Analysis. Understanding Governance in the Network Society*, Cambridge, Cambridge University Press.

HAUPTMANN, E. 2001. *Can less be more? Leftist deliberative democrats' critique of participatory democracy*, in "Polity", 33, 3, pp. 397-421.

HELD, D. 1993. (a cura di), *Prospect for Democracy*, Cambridge, Polity Press.

—— 1997. *Modelli di democrazia* (1987), Bologna, Il Mulino.

—— 1998. *Democracy and globalization*, in D. Archibugi, D. Held e M. Kohler (a cura di), *Re-imagining Political Community. Studies in Cosmopolitan Democracy*, Cambridge, Polity Press, pp. 11-27.

HELD, D. E MCGREW, A. 2010. *Globalismo e antiglobalismo* (2000), Bologna, Il Mulino. Hinton, J.

—— 1983. *Labour and Socialism*, Brighton, Whatsheaf Books. Hirst, P.

—— 1994. *Associative Democracy. New Forms of Economic and Social Governance*, Cambridge, Polity Press.

HUNTINGTON, S. 1975. *The United States*, in M. Crozier, S. Huntington e J. Watanuki, *The Crisis of Democracy*, New York, New York University Press.

Johnson, J. 1998. *Arguing for deliberation: Some skeptical considerations*, in J. Elster (a cura di), *Deliberative Democracy*, Cambridge, Cambridge University Press, pp. 161-184.

KEANE, J. 2004. *Violence and Democracy*, Cambridge, Cambridge University Press.

KELSEN, H. 1995. *La democrazia* (1929), Bologna, Il Mulino. King, C.S., Feltey, K.M. e O'Neill Susel, B.

—— 1998. *The question of participation: Toward authentic public participation in public administration*, in "Public Administration Review", 58, 4, pp. 317-326.

KITSCHELT, H. 1993. *Social movements, political parties, and democratic theory*, in "The Annals of the AAPSS", 528, pp. 13-29.

KNIGHT, J. E JOHNSON, J. 1997. *What sort of equality does deliberative democracy require?*, in J. Bohman e W. Rehg (a cura di), *Deliberative Democracy. Essays on Reason and Politics*, Cambridge, The MIT Press, pp. 279-319.

KOCKA, J. 1986. *Problems of working class formation in Germany: The early years, 1800-1875*, in I. Katnelson e A.R. Zolberg (a cura di), *Working-Class Formation. Nineteenth-Century Patterns in Western Europe and the United States*, Princeton, Princeton University Press, pp. 279-351.

KOELBLE, TH. 2009. *Democracy*, in "APSA-CP Newsletter", 20, 2, p. 9.

LACLAU, E. E MOUFFE, CH. 2001. *Hegemony and Socialist Strategy*, London, Verso. Lane, J.E. e Ersson, S.

—— 1999. *Politics and Society in Western Europe*, London, Sage. Lawrence, J.

—— 1991. *Popular Politics and the limitations of party: Wolverhampton, 1867-1900*, in E.F. Biagini e A.J. Reid (a cura di), *Currents of Radicalism. Popular Radicalism, Organized Labour and Party Politics in Britain, 1850-1914*, Cambridge, Cambridge University Press, pp. 65-85.

LELLO, E. 2007. *La rappresentanza politica nella "vecchia" Europa: crisi o mutamento?*, in "Rassegna italiana di sociologia", 48, pp. 413-461.

LOWNDES, V., PRATCHETT, L. E STOKER, G. 2001. *Trends in public participati n. Local government perspectives*, in "Public Administration", 79, 1, pp. 202-222.

MANIN, B. 1987. *On legitimacy and political deliberation*, in "Political Theory", 5, 3, pp. 338-368.

—— 1992. *La democrazia dei moderni*, Milano, Anabasi.

—— 2010. *Principi del governo rappresentativo* (1995), Bologna, Il Mulino.

MANIN, B. E BLONDIAUX, L. 2002. *L'idée de démocratie délibérative dans la science politique contemporaine. Introduction, généalogie et éléments critiques*, in "Politix", 15, 57, pp. 37-55.

MANSBRIDGE, J. 1996. *Using power/fighting power: The polity*, in S. Benhabib (a cura di), *Democracy and Difference: Contesting the Boundaries of the Political*, Princeton, Princeton University Press, pp. 46-66.

MARCHETTI, R. 2008. *Global Democracy: For and Against. Ethical Theory, Institutional Design and Social Struggles*, London, Routledge.

MARGOLIS, M. E RESNICK, D. 2000. *Politics as Usual: The Cyberspace "Revolution"*, Thousand Oaks, Sage.

MARKOFF, J. 1999. *Globalization and the future of democracy*, in "Journal of World-System Research", 2, pp. 277-309.

MARSHALL, T.H. 1976. *Cittadinanza e classe sociale* (1963), Torino, UTET.

—— 1992. *Citizenship and social class* (1950), in T.H. Marshall e T. Bottomore, *Citizenship and Social Class*, London, Pluto Press, pp. 3-51.

MARSON, A. 2001. *Barba Zuchon Town*, Milano, Angeli. Marx, K.

—— 1973. *La guerra civile in Francia* (1871), Roma, Newton Compton. Mayer, N. e Perrineau, P.

—— 1992. *Les comportements politiques*, Paris, Armand Colin. Mény, Y. e Surel, Y.

—— 2002. *Democracies and the Populist Challenge*, New York, Palgrave Macmillan.

MILL, J.S. 1947. *On Liberty* (1859), New York, Appleton-Century-Crofts.

MILLER, D. 1993. *Deliberative democracy and social choice*, in Held [1993, 74-92].

MOORE, B. JR. 1969. *Le origini sociali della dittatura e della democrazia* (1966), Torino, Einaudi.

MORLINO, L. 1986. *Democrazie*, in G. Pasquino (a cura di), *Manuale di scienza politica*, Bologna, Il Mulino, pp. 83-136.

—— 1996. *Crisis of parties and change of party system in Italy*, in "Party Politics", 2, pp. 5-30.

—— 2011. *Changes for Democracy*, Oxford, Oxford University Press. Mouffe, Ch.

—— 2000. *The Democratic Paradox*, London, Verso.

—— 2005. *On the Political*, London, Routledge.

MYERS, D.J. 2001. *Social activism through computer networks*, in O.V. Burton (a cura di), *Computing in the Social Science and Humanities*, Urbana, The University of Illinois Press, pp. 124-139.

NEUMANN, S. 1956. *Towards a comparative study of political parties*, in Id. (acura di), *Modern Political Parties*, Chicago, University of Chicago Press, ora in parte in G. Sivini (a cura di), *Sociologia dei partiti politici*, Bologna, Il Mulino, 1971, pp. 143-154.

NORRIS, P. 2001. *Digital Divide? Civic Engagement, Information Poverty and the Internet*, New York, Cambridge University Press.

—— 2002. *The Democratic Phenix*, Cambridge, Cambridge University Press.

O'BRIAN, R., GOETZ, A.M., SCHOLTE, J.A. E WILLIAMS, M. 2000. *Contesting Global Governance*, New York, Cambridge University Press.

OFFE, C. 1985. *New social movements: Changing boundaries of the political*, in "Social Research", 52, pp. 817-868.

PARKINSON, J. 2003. *Legitimacy problems in deliberative democracy*, in "Political Studies", 51, 1, pp. 180-196.

PATEMAN, C. 1970. *Participation and Democratic Theory*, Cambridge, Cambridge University Press.

PENNING, P. E LANE, J.E. (a cura di).1998. *Comparing Party S stem Change*, London, Routledge. Perczynski, P.

—— 2000. *Active citizenship and associative democracy*, in M. Saward (a cura di), *Democratic Innovation, Deliberation, Representation and Association*, London-New York, Routledge, pp. 161-171.

PERROT, M. 1974. *Les ouvriers en grève. France 1871-1890*, Paris, Mouton. 1986 *On the formation of the French working class*, in I. Katnelson e A.R. Zolberg (a cura di), *Working-Class Forma-tion. Nineteenth-Century Patterns in Western Europe and the United States*, Princeton, Princeton University Press, pp. 71-110.

PIANTA, M. 2001. *Globalizzazione dal basso. Economia mondiale e movimenti sociali*, Roma, Manifestolibri.

—— 2002. *Parallel Summits: an Update*, in H.K. Anheier, M. Glasius e M. Kaldor (a cura di), *Global Civil Society*, Ox-ford, Oxford University Press, pp. 371-377. Pieper, U. e Taylor, L.

—— 1998. *The revival of the liberal creed: The IBM, the World Bank and inequalities in a globalized economy*, in D. Baker, G. Epstein e R. Podin (a cura di), *Globalization and Pro-gressive Economic Policy*, Cambridge, Cambridge University Press.

PIZZORNO, A. 1981. *Interests and parties in pluralism*, in S. Berger (a cura di), *Organizing Interests in Western Europe*, Cambridge, Cambridge University Press (ora in Id., *Le radici della politica assoluta*, Milano, Feltrinelli, pp. 232-282).

—— 1996. *Mutamenti nelle istituzioni rappresentative e sviluppo dei partiti politici*, in *La storia dell'Europa contemporanea*, Torino, Einaudi, pp. 961-1031.

132

—— 2010. *Introduzione*, in Id. (a cura di), *La democrazia di fronte allo stato democratico*, Milano, Feltrinelli, pp. xi-xxvii.

POLLETTA, F. 2002. *Freedom is an Endless Meeting. Democracy in American Social Movements*, Chicago, University of Chicago Press.

—— 2006. *It Was like a Fever*, Chicago, University of Chicago Press.

PRINCEN, TH. 1994. *NGOs: Creating a niche in environmental diplomacy*, in Th. Princen e M. Finger (a cura di), *Environmental NGOs in World Politics. Linking the Local and the Global*, London-New York, Routledge, pp. 29-47.

PRZEWORSKI, A. 1991. *Democracy and Market: Poltical and Economic Reforms in Eastern Europe and Latin America*, Cambridge, Cambridge University Press.

PUTNAM, R. 2004. *Capitale sociale e individualismo* (2000), Bologna, Il Mulino.

RANIOLO, F. 2007. *La partecipazione politica*, 2ª ed., Bologna, Il Mulino. Renn, O., Webler, Th. e Kastenholz, H.

—— 1996. *Procedural and substantive fairness in landfill siting, a Swiss case study*, in "Risk, Health, Safety and Environ-ment", 145, Spring; ristampato in R. Löfstedt e L. Fre-wer (a cura di), *The Earthscan Reader in Risk and Modern Society*, London, 1998, pp. 253-270.

RENN, O., WEBLER, TH. E WIEDEMANN, P. 1995. *A need for discourse on citizen participation: Objectives and structure of the book*, in O. Renn, Th. Webler e P. Wiedemann (a cura di), *Fairness and Competence in Citizen Participation. Evaluating Models for Environmental Discourse*, Dordrecht, Kluwer Academic Publishers, pp. 1-15.

ROKKAN, S. 1982. *Cittadini, elezioni, partiti* (1970), Bologna, Il Mulino. Rosanvallon, P.

—— 2006. *La contre-démocratie. La politique à l'age de la défiance*, Paris, Seuil.

ROSE, R. 2005. *A global diffusion model of e-governance*, in "Journal of Public Policies", 25, 1, pp. 5-7.

ROSENAU, J. 1998. *Governance and democracy in a globalizing world*, in D. Archibugi, D. Held e M. Kohler (a cura di), *Re-imagi-ning Political Community. Studies in Cosmopolitan Democracy*, Cambridge, Polity Press, pp. 28-57.

RUCHT, D. 1994. *Modernisierung und Soziale Bew gungen*, Frankfurt am Main, Campus.

RUCHT, D. E WALGRAVE, S. (a cura d). 2010. *The World Says No to War*, Minneapolis, The University of Minnesota Press.

RUSSET, B. E STARR, H. 1997. *La politica mondiale*, Bologna, Il Mulino. Ryfe, D.-M.

—— 2002. *The practice of deliberative democracy: A study of 16 deliberative organizations*, in "Political Communication", 19, 3, pp. 359 ss.

SANDERS, L.M. 1997. *Against deliberation*, in "Political Theory", 25, 3, pp. 347-376.

SANDERSON, I. 1999. *Participation and democratic renewal: From "instrumental" to "communicative rationality"?*, in "Policy & Politics", 27, 3, pp. 325-341.

SARTORI, G. 1969. *Democrazia e definizioni*, Bologna, Il Mulino.

—— 1976. *Parties and Party Systems: A Framework of Political Analysis*, Cambridge, Cambridge University Press.

—— 1987. *Theory of Democracy Revisited*, New York, Chatham House Publishers.

—— 1990. *Elementi di teoria politica*, Bologna, Il Mulino.

SASSEN, S. 2001. *Fuori controllo? Lo Stato e la nuova geografia del potere*, in D. D'ANDREA E E. PULCINI (a cura di), *Filosofie della globalizzazione*, Pisa, ETS, pp. 111-140.

SCHMIDT, V.A. 2006. *Democracy in Europe. The EU and National Politics*, Oxford, Oxford University Press.

SCHMITTER, PH.C. 2001. *Parties are not what they once were*, in Diamond e Gunther [2001, 67-89].

SCHUMPETER, J.A. 1967. *Capitalismo, socialismo, democrazia* (1954), Milano, Etas Kompass.

SCLAVI, M., ROMANO, I., GUERCIO, S., PILLON, A., ROBIG IO, . E TOUSSAINT, I. 2002. *Avventure urbane: progettare la città con gli abitanti*, Milano, Elèuthera.

SEWELL, W.H. JR. 1980. *Work and Revolution in France. The language of Labour from the Old Regime to 1848*, Cambridge, Cambridge University Press.

—— 1986. *Artisans, factory workers, and he formation of the French working class, 1789-1848*, n I. Katnelson e A.R. Zolberg (a cura di), *Working-Class Formation. Nineteenth-Cen-tury Patterns in Western Europe and the United States*, Princeton, Princeton University Press, pp. 45-70.

SHAND, D. E ARNBERG, M. 1996. *Background paper*, in OECD (a cura di), *Responsive Government: Service Quality Initiatives*, Paris, pp. 15-38.

SHAPIRO, I. 2003. *The State of Democratic Theory*, Princeton, Princeton University Press.

SHAW, M. 1994. *Civil society and global politics: Beyond a social movement approach*, in "Millennium. Journal of International Studies", 23, 3, pp. 647-667.

SINTOMER, Y. 2001. *Participatory democracy and governance: Local participation in France*, paper prepared for the ECPR Joint Session of Workshops, Grenoble, 6-11 aprile.

—— 2007. *Le pouvoir du people*, Paris, La Découverte. Sintomer, Y., Herzberg, C. e Röcke, A.

—— 2007. *Démocratie participative et modernization des services publics: des affinitées electives? Les budget participatifs en Europe*, Paris, La Découverte.

SMITH, G. 2000. *Toward deliberative institution*, in M. Saward (a cura di), *Democratic Innovation, Deliberation, Representation and Association*, London-New York, Routledge, pp. 29-39.

—— 2001. *Taking deliberation seriously: Institutional design and green politics*, in "Environmental Politics", 10, 3, pp. 72-93.

—— 2009. *Democratic Innovations. Designing Institutions for Citizen Participation*, Cambridge, Cambridge University Press.

SMITH, G. E WALES, C. 2000. *Citizens' juries and deliberative democracy*, in "Political Studies", 48, 1, pp. 51-65.

SOMERS, M.R. 2008. *Genealogies of Citizenship. Markets, Statelessness, and the Right to Have Rights*, New York, Cambridge Unversity Press.

SPAIN, J. 1991. *Trade unionists, Gladstonian Liberals, and the Labour Law Reforms of 1875*, in E.F. Biagini e A.J. Reid (a cura di), *Currents of Radicalism. Popular Radicalism, Organized Labour and Party Politics in Britain, 1850-1914*, Cambridge, Cambridge University Press.

STEENBERGEN, M.R., BÄCHTIGER, A., SPÖRNDLI, M. E STEINER, J. 2003 *Measuring political deliberation: A Discourse Quality Index*, in "Comparative Eurpean Politics", 1, 1, pp. 21-48. Steiner, J., Bächtiger, A., Spörndli, M. e Steenbergen, M.R. 2004 *Deliberative Politics in Action: A Cross-National Study of Parliamentary Debates*, Cambridge, Cambridge University Press.

STRANGE, S. 1994. *State and Markets*, London, Pinter. Sunstein, C.

—— 2003. *Republic.com. Cittadini informati o consumatori di informazioni?*, Bologna, Il Mulino.

SZAS, A. 1995. *Progress through Mischief: The social movement alternative to secondary associations*, in E.O. Wright (a cura di), *Associations and Democracy*, New York, Verso, pp. 148-155.

TARROW, S. 1998. *Power in Movement*, 2ª ed., Cambridge, Cambridge University Press.

TEORELL, J.A. 1999. *Deliberative defence of intra-party democracy*, in "Party Politics", 5, 3, pp. 363-382.

THACKER, S.C. 1998. *The high politics of IMF lending*, in "World Politics", 51, pp. 39-75.

THOMPSON, E.P. 1969. *Rivoluzione industriale e classe operaia in Inghilterrra* (1963), Milano, Il Saggiatore.

—— 1978. *The Poverty of Theory and Other Essays*, London, Merlin Press.

TILLY, CH. 1978. *From Mobilization to Revolution*, Reading, Addison-We-sley.

—— 1984. *Social movements and national politics*, in C. Bright e S. Harding (a cura di), *State-Making and Social Movements: Essays in History and Theory*, Ann Arbor, University of Michigan Press, pp. 297-317.

—— 1986. *The Contentious French*, Cambridge, Mass., Harvard University Press.

—— 1993-94. *Social movements as historically specific clusters of political performance*, in "Berkeley Journal of Sociology", 38, pp. 1-31.

—— 1995. *Popular Contention in Great Britain. 1758-1834*, Cambridge, Mass., Harvard University Press.

—— 2004. *Social Movements 1768-2004*, Boulder, Paradigm.

—— 2007. *Democracy*, New York, Cambridge University Press. Tocqueville, A. de

—— 2007. *La democrazia in America* (1835-40), Milano, BUR. Topf, R.

—— 1995. *Beyond electoral participation*, in A.-D. Klingemann e D. Fuchs (a cura di), *Citizens and the State*, New York, Oxford University Press, pp. 52-91.

TORCAL, M. E MONTERO, J.R. (a cura di). 2006. *Poli ical Disaffection in Contemporary Democracies*, London, Routledge.

TOU A NE, A. 1977. *The Self-Production of Society*, Chicago, University of Chicago Press.

UHR, J. 2000. *Testing deliberative democracy: The 1999 Australian republic referendum*, in "Government and Opposition", 35, 2, pp. 189-210.

VEDRES, B., BRUSZT, L. E STARK, D. 2005. *Shaping the web of civic participation: Civil society websites in Eastern Europe*, in "The Journal of Public Policy", 25, 1, pp. 149-163.

WALZER, M. 1999. *Deliberation and what else?*, in S. Macedo (a cura di), *Deliberative Politics: Essays on Democracy and Disagreement*, Oxford, Oxford University Press, pp. 58-69.

WAPNER, P. 1995. *Politics beyond the state. Environmental activism and the world civic politics*, in "World Politics", 47, pp. 311-340.

WARKENTIN, C. 2001. *Reshaping World Politics. NGOs, the Internet and Global Civil Society*, Lanham, Rowman & Littlefield.

WEBER, M. 1974. *Economia e società* (1922), Milano, Edizioni di Comunità.

WEEKS, E.C. 2000. *The practice of deliberative democracy: Results from four large-scale trials*, in "Public Administration Review", 60, 4, pp. 360-372.

YOUNG, I.M. 1990. *Justice and the Politics of D fference*, Princeton, Princeton University Press.

—— 1996. *Communication and the other: Beyond deliberative democracy*, in S. Benhabib (a cura di), *Democracy and Difference: Contesting the Boundaries of the Political*, Princeton, Princeton University Press, pp. 120-135.

—— 2000. *Inclusion and Democracy*, Oxford, Oxford University Press.

——— 2003. *Activist challenges to deliberative democracy*, in J.S. Fishkin e P. Laslett (a cura di), *Debating Deliberative Democracy*, Malden, Blackwell, pp. 102-120.
ZITTEL, T. 2003. *Political representation in the networked society: The Americanization of European systems of responsible party government?*, in "The Journal of Legislative Studies", 9, 3, pp. 1-22.
ZOLO, D. 2004. *Globalizzazione. Una mappa dei problemi*, Roma-Bari, Laterza.
ZUERN, M. E ECKER-EHRHARDT, M. 2011. *Gesellschaftliche Politisierung und internationale Institutionen*, Frankfurt am Main, Suhrkamp.

Impreso por Treintadiez S. A. en 2018
Pringles 521 (C1183 AEI)
Ciudad Autónoma de Buenos Aires
Teléfonos: 4864-3297 / 4862-6794
editorial@treintadiez.com